Für Christa -
ohne die sich Hoyas Geschichte niemals wird erzählen lassen.

Jan H. Witte

Hoya, Amt und Flecken im Dreißigjährigen Krieg

1618 - 1648

www.tredition.de

© 2019 Jan H. Witte

Autor: Jan H. Witte
Umschlaggestaltung, Illustration: Julius F. Witte und Jaqueline Schwania

Verlag & Druck: tredition GmbH, Halenreie 40-44, 22359 Hamburg
ISBN:
978-3-7497-7652-8 (Paperback)
978-3-7497-7653-5 (Hardcover)
978-3-7497-7654-2 (e-Book)

Das Werk, einschließlich seiner Teile, ist urheberrechtlich geschützt. Jede Verwertung ist ohne Zustimmung des Verlages und des Autors unzulässig. Dies gilt insbesondere für die elektronische oder sonstige Vervielfältigung, Übersetzung, Verbreitung und öffentliche Zugänglichmachung.

Bibliografische Information der Deutschen Nationalbibliothek:
Die Deutsche Nationalbibliothek verzeichnet diese Publikation in der Deutschen Nationalbibliografie; detaillierte bibliografische Daten sind im Internet über http://dnb.d-nb.de abrufbar.

Vorwort

Für Stadt und Amt Hoya ist bislang weder eine Chronik vorhanden, noch liegt eine zusammenfassende Übersicht zum Geschehen im Dreißigjährigen Krieg vor. Die ausgezeichnete Darstellung in der Chronik Schweringens (1989) lässt die Geschehnisse im übrigen Amtsgebiet notwendig unbeleuchtet. Anlässlich der vierhundertjährigen Wiederkehr des Kriegsausbruchs - und des vierhundertjährigen Jubiläums des aus dem Jahre 1621 belegten hoyaer Bürgerschießens - bietet es sich daher an, eine Gesamtbetrachtung der Regionalgeschichte für den Zeitraum von 1618 bis 1648 zu entwerfen.

Die für diesen Zweck herangezogenen Archivalien weisen sowohl einen erheblichen Umfang wie auch einen unerwarteten Detailreichtum auf. Das Archivgut besteht vor allem aus den Beständen des Niedersächsischen Landesarchivs in Hannover (NLA HA). Diese Schriftstücke, die ursprünglich in der damals für Hoya zuständigen herzoglichen Kanzlei in Celle empfangen bzw. gefertigt und aufbewahrt wurden, sind zwar oftmals nur noch unvollständig vorhanden, teilweise beschädigt und generell nur mühsam zu entziffern. Dennoch stellen sie aber – da die eigene Registratur in Hoya durch Krieg und Brand verloren ging – die einzige ergiebige Geschichtsquelle dar. Der Verfasser hat allerdings aufgrund der Fülle des Materials nur die im Quellenverzeichnis angegebenen Akten (die aufgrund ihrer Aktentitel einen Bezug zu Hoya ergeben) ausgewertet, so dass sich aus anderen Archivalien durchaus noch weitere Details zum hier verfolgten Thema ergeben dürften.

Um die hier aus Literatur und Quellen zusammengestellten Informationen besser in den Verwaltungskontext des frühen siebzehnten Jahrhunderts einzuordnen, ist der eigentlichen chronologischen Darstellung der örtlichen Geschehnisse ein knapper Abriss der lokalen Herrschafts- und Amtsstruktur sowie der wichtigsten damals handelnden Personen vorangestellt.

Hoya, im November 2019
Dr. Jan H. Witte

Inhaltsverzeichnis

A. Territorium und Verwaltungsstruktur 9
1. Territoriale Zugehörigkeit des Amtes Hoya........9
2. Verwaltungsstruktur in Flecken und Amt.........15
a) Der Flecken Hoya..15
b) Das Amt Hoya..19
3. Regierende Fürsten 41

B. Der Böhmisch-Pfälzische Krieg.......................44
1. Die Lageentwicklung bis Ende 1622..................44
2. Mobilmachung, Dezember 1622 50
3. Verstärkung im Anmarsch, Januar 1623............61
4. Bruchhausen geht verloren................................68
5. Das Amt Hoya wird besetzt................................74
6. Lüneburg-Cellesche Armeestruktur 87
7. Besetzung durch Kaiserliche, Herbst 1623 100
8. Neue Besetzung durch Kaiserliche, 1624 110
9. Die Besatzung zieht ab, Januar 1625................125

C. Der Dänisch-Niedersächsische Krieg............135
1. Auftakt der zweiten Kriegsphase 135
2. Die Dänen kommen, Juni 1625 138
3. Das Wüten der Pest, Dezember 1625................148
4. Einnahme Hoyas durch kaiserliche Truppen, September 1626 155
5. Rückeroberung Hoyas durch die Dänen, November 1626 158
6. Herzog Georg kommt, November 1626 168
7. Dänische Raubzüge, Mai 1627..........................172

D. Der Niedersächsisch-Schwedische Krieg 180
1. Hoya unter kaiserlicher Besatzung...................180

2. Hoyas verlorene Kostbarkeiten..........................184
3. Beschwerden gegen den neuen Amtmann......192
4. Zuständigkeitsstreit..196
5. Die Schweden kommen, Juni 1630....................198
6. Hoya unter schwedischer Besatzung...............209
7. Ersuchen um Abgabenstundungen...................213
8. Unstimmigkeiten zwischen Celle und Stockholm...214

E. Der Schwedisch-Französische Krieg.............219
1. Kaiserliche und schwedische Einfälle.............219
2. Hoyaer Widersetzlichkeiten, März 1637..........224
3. Der Kontributionsstreit, April 1637 232
4. Durchzug fremder Völker, Juli 1637 237
5. Die weitere Befestigung des Schlosses, 1638...243
6. Die Grafschaft wird „excarnifiziert", 1640 251
7. Neuer Kontributionsstreit, 1641.......................255
8. Wie die Schafe ohne Hirten, 1642....................262
9. Untersuchungen gegen den Amtmann, 1644..269
10. Das Kriegsende, 1648..274
11. Die Amtsvisitation von 1653...........................280

Literaturverzeichnis...286

Quellenverzeichnis..291

A. Territorium und Verwaltungsstruktur

1. Territoriale Zugehörigkeit des Amtes Hoya

Nach dem Ableben des letzten Grafen von Hoya, Otto VIII., fiel die Grafschaft Hoya 1582 als sogenanntes „eröffnetes Lehen" weitgehend (einige Landesteile gingen auch an Hessen) an die „welfischen" Herzöge zu Braunschweig-Lüneburg. Das Territorium der Grafschaft Hoya wurde dabei verwaltungstechnisch aufgesplittert, da das Herzogtum Braunschweig-Lüneburg durch vielerlei Erbteilungen ebenfalls in mehrere staatsrechtlich voneinander unabhängige – aber weiterhin miteinander verwandte – Fürstentümer zerfallen war, von denen jedes einen Teil der Grafschaft Hoya erhielt. Diese „Teilherzogtümer" (deren regierende Fürsten sich aber sämtlich stets als „Herzog zu Braunschweig-Lüneburg" bezeichneten) bestanden im hier interessierenden Zeitraum aus dem Fürstentum Lüneburg-Celle (mit der Residenz in Celle und den größeren Städten Lüneburg, Winsen, Uelzen und Gifhorn), dem Fürstentum Braunschweig-Wolfenbüttel (mit dem Regierungssitz in Wolfenbüttel und den Städten Braunschweig und

Helmstedt), dem Fürstentum Calenberg (zu welchem die Festung Hameln gehörte und dessen Residenz zunächst das Schloss Landestrost in Neustadt am Rübenberge, dann ab 1634 die Stadt Hannover war) und dem Fürstentum Göttingen-Grubenhagen (mit den Städten Einbeck, Osterode, Herzberg, Northeim, Münden und Göttingen). Bei Kriegsbeginn 1618 handelte es sich faktisch allerdings nur um zwei welfische Fürstentümer, nämlich Lüneburg-Celle und Braunschweig-Wolfenbüttel, da Calenberg und Göttingen-Grubenhagen durch erneute Erbfolgen zu dieser Zeit gemeinsam von Wolfenbüttel aus regiert wurden. Erst im weiteren Laufe des Krieges „zerfiel" dieses letztgenannte Fürstentum erneut in Braunschweig-Wolfenbüttel einerseits und Calenberg (mit Göttingen und Grubenhagen) andererseits.

Die großen und gut befestigten (Hanse-)Städte Braunschweig, Hannover und Lüneburg waren zwar in staatsrechtlicher Hinsicht unselbständige „Landstädte" und damit Teil des Herzogtums Braunschweig-Lüneburg. Rein faktisch agierten die Städte aufgrund ihrer militärischen und wirtschaftlichen Stärke aber ganz unabhängig von der Politik des jeweiligen Fürsten (weshalb diese ihre Residenzschlösser auch nur in den kleineren Städten wie Celle, Wolfenbüttel oder Neustadt errichten konnten). Die Städte gerieten auch regelmäßig in diverse Konflikte mit „ihren" Fürsten, die, wie etwa im Jahre 1605 zwischen der Stadt Braunschweig und ihrem Landesherren in Wolfenbüttel, zu offenem Krieg führen konnten.[1] Im Dreißigjährigen Krieg gelang es zumindest Braunschweig und Hannover (ebenso wie der Stadt Bremen) auch jeglichen Eroberungsversuch der wechselnden Kriegsparteien abzuwehren.

Die Niedergrafschaft Hoya mit den Ämtern Hoya, Alt- und Neu-Bruchhausen, Liebenau und Nienburg kam aufgrund des Rezesses vom 10. August 1583[2] (mit dem sich die welfischen Fürsten und andere Anspruchsteller über die Teilung der Grafschaft Hoya einigten)

---

[1] Otto Heinemann, Geschichte von Braunschweig und Hannover, Band 3, Gotha 1892, S. 22.

[2] Wilhelm von Hodenberg, Hoyer Urkundenbuch. Band 1, Hausarchiv, Hannover 1855 („Hoyer UB I"), Urkunde (UR) Nr. 983.

an das Fürstentum Lüneburg-Celle.[3] Damit wurden diese fünf Ämter hinfort von Celle aus regiert.

Die obere Grafschaft mit den Ämtern Diepenau, Ehrenburg, Bahrenburg, Harpstedt, Siedenburg, Steyerberg, Stolzenau und Syke fiel dagegen zunächst an die calenbergisch-wolfenbüttelsche Linie und 1584 an die wolfenbüttelsche Linie allein. Durch die Teilung der Besitzungen der 1634 ausgestorbenen wolfenbüttelschen Linie fiel die obere Grafschaft dann 1635 an Herzog Wilhelm von Harburg (einem Teilfürstentum des Fürstentums Lüneburg-Celle) und nach dessen Tod 1642 an Herzog Friedrich IV. von Lüneburg-Celle (womit die gesamte Grafschaft Hoya wieder in einer Hand vereinigt war). Als dieser 1648 starb, ward die obere Grafschaft von Celle und Calenberg gemeinsam verwaltet. Sodann wurde sie 1682, mit Ausnahme der Ämter Ehrenburg und Syke, an Calenberg übergeben. Endlich kam es 1705 zu einer Vereinigung der Fürsten-

---

[3] Unklar ist insoweit die Erläuterung im Landesarchiv Hannover zum Bestand NLA HA Hann 74 Hoya, Amt Hoya, wonach die untere Grafschaft lediglich mit den Ämtern Bruchhausen, Liebenau und Nienburg an die Cellesche Linie, die obere Grafschaft mit den Ämtern Hoya, Diepenau, Ehrenburg, Bahrenburg, Harpstedt, Siedenburg, Steyerberg, Stolzenau und Syke an die calenbergisch-wolfenbüttelsche Linie kam.

tümer Celle und Calenberg zum so zustande gekommenen Kurfürstentum (später Königreich) Hannover.

Innerhalb des Deutschen Reiches waren sämtliche Fürstentümer und freien Reichsstädte seit dem Augsburger Reichstag von 1500 wiederum in zehn Reichskreise unterteilt worden. Deren Aufgabe bestand u.a. in der Aufstellung der sogenannten Reichsarmee (durch entsprechende Truppenstellung, was in der Praxis aber selten gelang), der Vereinheitlichung des Münzwesens (Einführung des Reichstalers) und der gemeinsamen Rechtsdurchsetzung (etwa zur Vollstreckung der Urteile des Reichskammergerichts gegen „uneinsichtige" Landesherren). Die Fürstentümer des Herzogtums Braunschweig-Lüneburg (Lüneburg-Celle und Braunschweig-Wolfenbüttel) gehörten gemeinsam mit Holstein, Mecklenburg, Hamburg, Bremen und Lübeck dem Niedersächsischen Reichskreis an. Die alte Grafschaft Hoya gehörte dagegen zum Westfälischen Reichskreis.

Für das Amt Hoya bedeutete diese Kreiseinteilung einen entscheidenden Nachteil: Das Amt Hoya gehörte zwar ab 1582 staatsrechtlich zum Fürstentum Lüneburg-Celle. Reichspolitisch waren die Gebiete der alten Grafschaft Hoya, da die Kreisgrenzen nach dem Anfall der Grafschaft an die Welfen nie geändert wurden, aber anders als das Fürstentum Lüneburg-Celle weiterhin dem Westfälischen Reichskreis zugeordnet (zu dem außerdem das Fürstbistum Verden und u.a. die Reichsstädte Köln und Dortmund sowie die Fürstbistümer Münster, Osnabrück, Paderborn, Minden und die Grafschaften Diepholz und Schaumburg gehörten). Soweit also der Niedersächsische Reichskreis seine Kreisgrenzen verteidigen wollte, war das Amt Hoya „außen vor". Rein faktisch behandelte der Niedersächsische Reichskreis dabei die Weser als westliche Kreisgrenze (obwohl auch Hassel und Eystrup offiziell zum Westfälischen Reichskreis gehörten). Diese politische Nuance der unterschiedlichen Reichskreis-Zugehörigkeiten war offensichtlich auch den kriegsführenden Parteien durchaus bewusst, was sich daran zeigt, dass die westlich der Weser liegenden Teile des Amtes Hoya auffallend häufiger Okkupationen und Übergriffen ausgesetzt waren (und auch weniger entschieden verteidigt wurden) als die östlich des Flusses liegenden Gebiete.

2. Verwaltungsstruktur in Flecken und Amt

a) Der Flecken Hoya

Der Ort Hoya wird im hier interessierenden Zeitraum durchgehend als „Flecken" oder „Weichbild" bezeichnet. Er verfügte gegenüber den kleineren Landgemeinden über bestimmte Privilegien, die von Zeit zu Zeit erneut wurden, wobei von Anfang an zwischen den Rechten des Adels, der „Freien", der Bürger und der (einfachen) Einwohner unterschieden wurde. Erhalten geblieben sind entsprechende „Privilegia" aus der Grafenzeit (von 1576) sowie deren Bekräftigungen durch die Fürsten von Lüneburg-Celle in den Jahren 1606, 1608 und 1610[4]. Weitere herzogliche Privilegien datieren sodann aus den Jahren 1636, 1653, 1667, 1697 und 1734.[5]

Die Eigenverfassung des Fleckens Hoya wurde entweder nicht niedergeschrieben oder ist zumindest nicht erhalten geblieben. Jedenfalls amtierten während des Dreißigjährigen Krie-

---

[4] NLA HA Celle Br. 72, Nr. 156/1.

[5] NLA HA Hann. 80 Hannover, Nr. 18463.

ges stets zwei Bürgermeister gleichzeitig.[6] Auch vor dem Krieg gab es (erste Nennung im Jahre 1575[7]) zwei gleichzeitig amtierende Bürgermeister. Daneben bestand ein nicht näher definierter „Stadtrat", dessen Verfassung gleichfalls undeutlich bleibt. Die Bürgermeister und der Rat beriefen sich gegenüber der durch den Amtmann vertretenen staatlichen Obrigkeit (also letztlich gegenüber ihrem Herzog in Celle), häufig auf die ihnen verliehenen Privilegien, wobei es durchaus zu diversen Reibereien zwischen Flecken und Amt hinsichtlich der zwischen ihnen geltenden Kompetenzabgrenzungen kam.

Namentlich überliefert sind einzelne Bürgermeister. So amtierten vor 1633 die Bürgermeister Geberhard von Gehrden und Dittrich Meyer als „Collegen". Später (ab 1637) finden sich, wiederum gleichzeitig, die Bürgermeister Heinrich Precht und Harm Beste, deren diverse Querelen mit dem Amtmann sich im Schriftwechsel erhalten haben. Die Ratsmitglieder – und auch die Größe des Rats - des

---

[6] Vgl. Niedersächsisches Städtebuch, herausgegeben von Erich Keyser, Stuttgart 1952, S. 208, wonach „im 16. Jh." zwei Bürgermeister vorhanden waren, während ab 1708 nur noch ein Bürgermeister genannt wird.

[7] Hodenberg, Hoyer UB I, a.a.O., Urkunde Nr. 935, Bürgermeister Hermann Schmidt und Heinrich Röpcke.

Fleckens Hoya bleiben weitgehend unbekannt. Nur einmal, im Jahre 1637, wird ein Schreiben der Bürgerschaft namentlich unterzeichnet. Dort finden sich die beiden Bürgermeister und fünf weitere Namen, bei denen es sich wohl um Ratsmitglieder gehandelt haben dürfte.[8]
Das genaue Aussehen des Fleckens und des Schlosses Hoya sind gleichfalls nur ansatzweise bekannt. Es existiert ein Ortsplan, der von schwedischen Truppen wohl während des Krieges angelegt worden war. Im Schwedischen Reichsarchiv wird er mit dem Erstellungsjahr 1648 angegeben, ist selbst aber nicht datiert (Abbildung 1). Da die schwedischen Truppen Hoya bereits im Jahre 1634 besetzten und wahrscheinlich spätestens im Jahr 1649 wieder verließen, wird es wohl wenig sinnvoll gewesen sein, eine zu militärischen Zwecken angefertigte Lagekarte erst kurz vor dem Abzug der Truppen in Auftrag zu geben. Zudem sind die ebenfalls im Stockholmer Reichsarchiv erhaltenen Pläne der Festungen Nienburg

---

[8] NLA HA Celle Br. 72, Nr. 623 (Jobst Steinman, Johann Mein, Albert Kalers, Johann Hundermarck und Tönnies Knigge).

und Minden[9] sowie andere Karten gleichfalls einheitlich mit der Jahreszahl 1648 versehen. Insoweit erscheint es doch zweifelhaft, ob der hoyaer Ortsplan tatsächlich erst 1648 gefertigt worden ist. Es wäre wohl eher denkbar, dass die Skizze bereits zu Beginn der schwedischen Besatzungszeit aufgenommen, aber erst im Nachhinein mit dem Jahr des Kriegsendes im Archiv datiert worden ist.

Der Flecken soll bei Kriegsbeginn - laut einer noch während des Krieges verfassten brieflichen Nachricht der hoyaer Bürgermeister - über dreihundert Feuerstellen (Häuser) verfügt haben, von denen aber in den Jahren 1637 und 1641 jeweils nur noch 53 bewohnt waren.[10] Alle anderen *„Häuser seien weggerissen und verbrannt"*. In den in der gleichen Akte erhalten gebliebenen Listen über die zu leistenden Zwangsabgaben von 1641 sind sechzig hoyaer Familiennamen verzeichnet, von denen 47 abgabenpflichtig waren. Bereits im Hoyaer Lagerbuch von 1583 finden sich 208 zum Flecken Hoya gehörige Familiennamen, die wohl

---

[9] Schwedisches Reichsarchiv, SE/KrA/0414/0021/0047 und 0049. Jens Heckmann, Nienburg, Geschichten aus der Geschichte, Nienburg 2010, S. 31, geht davon aus, dass der nienburger Plan von 1627 datiert.

[10] NLA HA Celle Br. 61a, Nr. 5159, Blatt 27 und Blatt 104.

mit einer entsprechenden Anzahl von Feuerstellen gleichzusetzen sein dürften.[11] Insoweit wird man für das Jahr 1618 also wohl durchaus von 250 bis 300 ortsansässigen Familien ausgehen können.

b) Das Amt Hoya

(1) Verfassung

Die Ämter entwickelten sich beginnend im 13. Jahrhundert teilweise parallel zu den bestehenden „Gogerichten", teilweise gründeten sie sich auf diese. Über den Entstehungsprozess gibt es jedoch nur geringe Kenntnisse. Seit dem 16. Jahrhundert setzte sich die Bezeichnung Amt durch, die Unterbezirke der Ämter wurden als Vogteien bezeichnet. Der Ämterbildungsprozess war im 16. Jahrhundert nach der Reformation in seinen Grundzügen abgeschlossen. An der Spitze der Ämter stand ein Amtmann, der vom Herzog eingesetzt wurde. Zum Amt gehörte der so genannte Amtshof, der ursprünglich vom Amtmann selber verwaltet, seit dem 17. Jahrhundert jedoch meist verpachtet wurde. Unterstellt waren die Ämter der herzoglichen Finanzverwaltung, der Rentkammer in Celle. Die Ämter nahmen die

---

[11] NLA HA Hann 74 Hoya, Nr. 3/1.

herzoglichen Herrschaftsrechte wahr und waren an der Erhebung landesherrlicher Steuern beteiligt.[12]

Das Amt sorgte auch selbst für eine gewisse Rechtsetzung. Erhalten geblieben ist eine Zusammenfassung solcher Gesetzgebung mit dem Aktenbetreff „Verzeichnis von Gesetzen und Verordnungen über die Rechte und die Amtsführung des Amtes Hoya" von 1690.[13] Dabei handelt es sich um eine Art Findbuch zu Rechtsbestimmungen mit den Jahresangaben 1579 bis 1704, so dass dieses Buch also auch nach dem Jahre 1690 noch fortgeführt worden sein muss. Die genaueren Einzelheiten - der dort nur stichwortartig genannten Regelungen - werden sich, da jeder verzeichnete Rechtsakt auf eine andere Seitenzahl als Fundstelle verweist, in einzelnen nicht erhaltenen „Gesetzbüchern" befunden haben. Allein der stichwortartige Verweis erhellt aber bereits, wie „von Amts wegen" eine Vielzahl von Sachverhalten des täglichen Lebens geregelt worden ist.

So finden sich hier etwa diverse Strafbestimmungen, beispielsweise unter der Jahreszahl 1591 der Eintrag: *„Pagina (Seite) 329, wer Zeune*

---

[12] https://de.wikipedia.org/wiki/Fürstentum_Lüneburg.

[13] NLA HA Hann. 74 Hoya, Nr. 36.

und Knicke bestielt oder bey dem es in Hoya gefunden wird, soll an den Pranger ½ tag gestellt und daruff des Weichbildes Hoya verwiesen werden". Gemeint sein dürften damit wohl „Zäune" und „Hecken". Wo genau sich der Pranger befand, bleibt leider unklar. Daneben sind prozessuale Vorschriften enthalten. Unter der Jahreszahl 1585 findet sich eine zivilprozessuale Regelung: *„Wer Bier borget an jemand der nicht zahlen kann oder wer liederlich ist, soll beym Gericht mit der praetension[14] nicht angenommen werden"*.

Ebenso finden sich Baugenehmigungen („Herzog Ernst und Herzog Christian haben Reineke Seger in Hoya eine Haußstedte zu bebauen erlaubt, 1591") und andere „verwaltungsrechtliche" Normen: *"Copulationen sollen zwischen 9 und 10 Uhr Morgens vollzogen werden, die Hochzeitsgäste sollen nach 10 Uhr des Abends nicht sitzen und keiner mit dem Degen tanzen"* (1600).

Hinzu kommen erbrechtliche Vorschriften: *„Das hereditas von der Schwerdseite auf die Schwerdseite im Flecken Hoya wider falle, ohngeachtet proximinores von der Spiel-Seite vorhanden"*. Mit „Schwertseite" werden die väterlichen Verwandten und mit „Spielseite" diejenigen der mütterlichen Seite bezeichnet.

---

[14] Der Anspruch auf Zahlung.

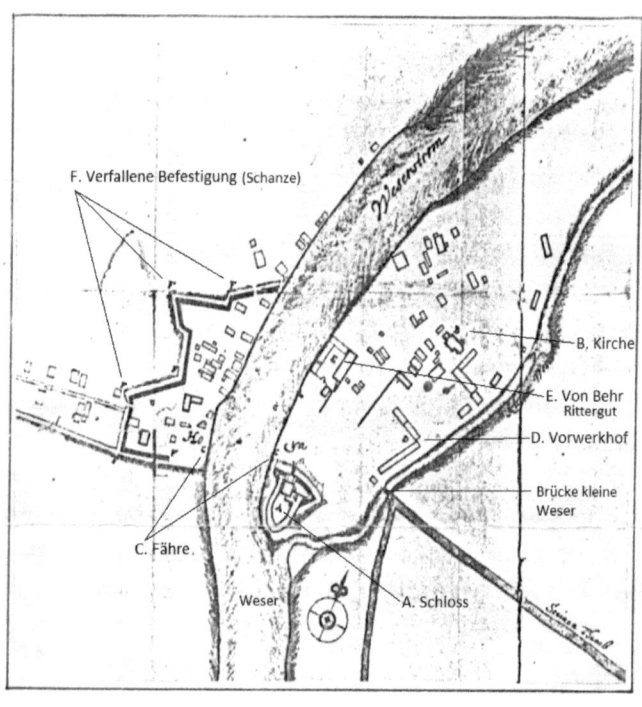

Abbildung 1: Ortsplan Hoya ca. 1640 (Schwedisches Reichsarchiv SE/KrA/0414/0021/0050).

Das „hereditas" umfasste das Erbe an Immobilien.[15] Endlich finden sich Ordnungsvorschriften: *„Garde Brüder[16] und Bettler abzuschaffen oder zu inhaftiren"* (1597).
Auch die „Wehrpflicht" der Untertanen wird – wenn auch nur rudimentär – in diesem Verzeichnis von Gesetzen und Verordnungen zumindest erwähnt. Unter der Jahreszahl 1597 findet sich in der Rubrik „Baurrecht und Onera Hoya" die Bestimmung: *„Ein jeder soll sich und sein Hausgesinde mit Gewehr versehen auch zur Musterung und Rüstung parat halten"*. Hintergrund dieser Aufbietung einer Einwohnerwehr im Jahre 1597 wird die damals drohende Invasion des Fürstentums Lüneburg-Celle durch ein (eigentlich in den Niederlanden kämpfendes aber auch bis nach Goldenstedt und Ehrenburg plündernd ausgreifendes) spanisches Heer gewesen sein.[17] Unter der Jahreszahl 1604 ist nochmals knapp vermerkt: *„Alle Unterthanen sollen ihr Gewehr parat halten"* und zur Jahreszahl 1612: *„Johan Sanders zu Bücken ist zum Land-Haubtmann bestellt, um die*

---

[15] Reyscher, Das Erbrecht der adeligen Töchter, in: Zeitschrift für deutsches Recht und deutsche Rechtswissenschaft, 1841, S. 267.

[16] Altertümlicher Ausdruck für „Landstreicher".

[17] NLA HA Cal Br. 21, Nr. 2549.

Unterthanen durchgehends im Gewehr zu exercieren". Erstaunlicherweise finden sich aber in den folgenden Jahren, also gerade zu Beginn des Dreißigjährigen Krieg, keine entsprechenden Bestimmungen mehr in diesem Verzeichnis. Dafür stammt aber die älteste erhaltene Königsplakette des heute Bürgerschießen genannten damaligen hoyaer Vogel- oder Scheibenschießens aus dem Jahre 1621, diejenige in Nienburg und Bücken (Papageien) sogar aus den Jahren 1581 und 1607. Dieses Königsschießen wird sicherlich auch den zuvor notierten Wehrübungen entstammen. Ältere Plaketten sind vielleicht einfach aus dem Grunde nicht vorhanden, weil diese zuvor noch nicht „in Mode" gekommen waren.

(2) Amtsterritorium

Das Amt Hoya bestand zu Beginn des 17. Jahrhunderts aus den Flecken Hoya und Bücken sowie den Vogteien Asendorf, Eitzendorf, Eystrup, Hassel, Hoyerhagen, Magelsen, Martfeld, Oiste, Schweringen und Wechold. Letztlich entspricht das zugehörige Gebiet also weitgehend der heutigen Samtgemeinde Grafschaft Hoya einschließlich der Gemeinden Asendorf, Martfeld und Oiste.
1641 werden in einer Abgabenliste des Amtes (in dieser Reihenfolge und Schreibweise) die

„Flecken" Hoya und Bücken sowie die Ortschaften „Oldenbücken, Stendern, Holtorff, Warpe, Heltzendorff, Windthorst, Nohrtholz, Deendorf, Calle, Schwering, Asendorff, Riethaußen, Martfeldt, Lütken Borstell, Magelßen, Eitzendorff, Oiste, Hoyerhagen, Wechold, Heesen, Mehringen, Ubbendorf, Hilgermissen, Wiebergen, Hingste, Boyen, Hassel und Eißdorf" genannt.[18] Ein Überblick über die Grenzen des Amtes Hoya und der benachbarten Ämter ergibt sich aus der Abbildung 2.

(3) Verwaltungsaufbau

Der Verwaltungsaufbau sah als Vertreter der fürstlichen Regierung im Amt Hoya den sogenannten Amtmann (oder in der damaligen Schreibweise „Ambttman") vor, der im Amtshaus,[19] bzw. vor dem Bau desselben wohl auf dem Schloss,[20] einen kleinen Verwaltungsapparat mit Amtsschreibern, Amtsdienern und Amts- oder Fußknechten unterhielt. In den

---

[18] NLA HA Hann 74, Hoya, Nr. 499.

[19] Gebaut 1609 unter dem Amtmann Asmus von der Myll in der Amtsstraße in Hoya.

[20] Wobei in einem Visitationsbericht von 1618 (NLA HA Hann 74 Hoya, Nr. 102, Blatt 35) immer noch von einer Amtsstube auf dem Schloss die Rede ist.

noch erhaltenen Akten wird (als Aktentitel) noch zu Regierungszeiten der hoyaer Grafen bereits ein Amtmann zu Hoya erwähnt,[21] so dass die Amtsverfassung bereits in der alten Grafschaft bestand und von den lüneburgisch-celleschen Fürsten offenbar ohne Änderungen übernommen worden ist. Unterhalb der Amtsebene waren Vögte bzw. Untervögte in den einzelnen dem Amt zugehörigen Ortschaften als Regierungsvertreter tätig. Im Flecken Hoya wird der Voigt, anders als in den anderen Ortschaften, zumindest bis 1637, als „Hausvoigt" bezeichnet.[22]

Zu Beginn des Dreißigjährigen Krieges, und noch mindestens bis zum Jahr 1623[23], war Asmus von der Myll amtierender Amtmann in

---

[21] NLA HA Celle Br 61a, Nr. 5283: „Gemeinde Schweringen gegen den Amtmann Hoya."

[22] NLA HA Celle Br. 72, Nr. 623.

[23] Ein gesondertes Verzeichnis der Beamten in Hoya existiert erst ab dem ausgehenden siebzehnten Jahrhundert. Heinrich Gade, geht in seiner Historisch-geographisch-statistische Beschreibung der Grafschaften Hoya und Diepholz, Band 2, Nienburg 1901, S. 486, zwar davon aus, dass es sich bei dem Amtmann zwischen 1608 und 1616 (!) um einen Asmus von der „Myk" gehandelt habe, das dürfte ausweislich der im weiteren Kontext dargestellten Urkunden aber in Bezug auf Namensschreibung und Daten unrichtig sein.

Hoya.[24] Ihm folgte noch 1623 Henning Riebe[25] und im Zeitraum von 1626 bis 1628 Balthasar Gödemann,[26] der anschließend als Amtmann in Lüchow fungierte.[27] In den Jahren 1629 bis 1645 diente dann Johann Locke als Amtmann in Hoya. Sein Nachfolger war - bis über das Kriegsende hinaus - Heinrich von Drebber, der dieses Amt mindestens bis 1655 bekleidete.[28] Hinsichtlich Heinrichs von Drebber ist zudem bekannt, dass er zuvor als Voigt in Langenhagen tätig war und von dort zum Amtmann in Hoya befördert wurde.[29] Ansonsten ist bislang schlicht ungeklärt, wer exakt zu welcher Zeit als Amtmann in Hoya fungierte.

Auf der höheren Verwaltungsebene findet sich ein „Drost" (später als „Landdrost" bezeich-

---

[24] Hoyer UB I, UR-Nr. 1732.

[25] NLA HA Celle Br. 11, Nr. 68.

[26] NLA HA Celle Br. 72 Nr. 376 und Celle Br. 101, Nr. 168.

[27] NLA HA Celle Br.72, Nr. 617, wo er von der Regierung schriftlich aufgefordert wurde, noch die ausstehende Jahresrechnung des Amtes Hoya für 1629 nachzureichen.

[28] NLA ST Rep. 5a, Nr. 446.

[29] NLA HA Hann. 88 B, Nr. 2827/I.

net), der, teils wohl als eine Art von Mittelbehörde mehrere Ämter zu beaufsichtigen, teils auch neben dem Amtmann einen eigenen Geschäftskreis zu verwalten hatte. Das Amt des Drosten bestand ebenfalls bereits in gräflicher Zeit. So verpflichteten sich Dietrich Balke, Drost in Hoya, der hoyaer Hauptmann Johann Hoyer, der hoyaer Burgvogt Asche von Binnen und der Hoyaer Amtmann Johann Sanders im Jahre 1575 gegenüber Herzog Wilhelm von Braunschweig-Lüneburg, diesem im Falle des Todes des Grafen Otto das Amt Hoya zu übergeben.[30] Die Drosten wurden zuweilen auch als Oberamtmann, Oberhauptmann oder Amtsrat bezeichnet.[31] In Hoya finden sich während des Dreißigjährigen Krieges als Drosten die Namen Levin von Hodenberg (1606-1624)[32], Johann von Behr (1627), Dietrich

---

[30] Hoyer UB I, UR-Nr. 934.

[31] F.W.R. Zimmermann, Übersicht über die bisherige Verwendung der den einzelnen Kreiscommunalverbänden des Herzogthums Braunschweig gesetzlich überwiesenen Erträgnissen und Einnahmen nebst einer einleitenden Darstellung der derzeitigen Organisation der Braunschweigischen Verwaltung und der geschichtlichen Entwicklung derselben, Braunschweig 1889, S. 3.

[32] Levin von „Hudenberg" wird bereits unter dem 15.12.1606 in der Akte NLA HA Celle Br. 72, Nr. 156/I, Blatt 22 als Drost genannt.

von Behr (1629 und 1631),[33] Frantz-Dietrich von der Borg (1637) und schließlich Hans Adam von Hammerstein (1644).

Weder für die Zuständigkeitskreise der Amtmänner noch der Drosten lassen sich aus der Zeit des Dreißigjährigen Krieges (oder vorangegangener Zeiträume) genauere gesetzliche Grundlagen finden. Es gab damals offenbar weder eine einheitliche Amtsordnung noch eine sonstige eindeutige Regelung der Verwaltungsverfahren und Kompetenzabgrenzungen. Aus den Akten ergibt sich jedenfalls, dass sowohl die Drosten wie auch die Amtmänner

---

[33] Dietrich von Behr stammt aus Edwalden im Kurland und hatte u.a. in Tübingen studiert. Seit 1615 war er Geheimer Kammerat und von 1628 bis zu seinem Tod 1632 Großvoigt von Celle und Drost in Hoya. Sein Bruder Johann wurde 1577 gleichfalls in Edwahlen im Kurland geboren. Nach Abschluss seiner schulischen Ausbildung studierte er gemeinsam mit seinem Bruder Dietrich in Tübingen, Wittenberg und Straßburg. Anschließend folgten Reisen durch Frankreich, Italien, Braband und Holstein. Seit 1603 verwaltete er das Rittergut zu Hoya. Ab 1610 war er Drost in Ahlden und seit 1618 Großvogt in Celle. 1624 wurde er mit dem Erbküchenmeister- und Erbschenkenamt des Fürstentums Lüneburg für sich und seine Erben belehnt. Behr war mit Maria von Bothmer verheiratet und hatte vier Söhne und fünf Töchter. Am 27. August 1628 starb Johann von Behr in Celle, vgl. https://de.wikipedia.org/wiki/Liste_der_Räte_des_Fürstentums_Lüneburg.

jeder für sich oder auch mittels gemeinsamer Unterschrift die Korrespondenz mit der Regierung in Celle führten. In den Jahren 1622/1623 unterzeichneten der Drost Levin von Hodenberg und der Amtmann, zunächst Asmus von der Myll und dann Henning Riebe, sämtliche nach Celle abgehenden Schreiben gemeinschaftlich. Später meldete der Amtmann Johann Locke, 1629, nachdem er den Frantz-Dietrich von der Borg (von dem aber unklar ist, ob er zu dieser Zeit schon als Drost fungierte, da sein Vorgänger Dietrich von Behr noch 1629 und 1631 als Drost von Hoya genannt wird) mündlich verständigt hatte, allein über wesentliche hoyaer Vorgänge nach Celle,[34] während der selbe Amtmann 1637 ausdrücklich nur „in Abwesenheit des Herrn Drosts" dorthin berichtete. Die Bürgermeister Hoyas schrieben im selben Jahr 1637 „an Frantz-Dietrich von der Borg, Herr Drost zur Hoya, itzo sich aber zu Zell (Celle) aufhaltend."[35] Im Februar 1638 berichtete dann dieser Drost Frantz-Dietrich von der Borg, obwohl der Amtmann Johann Locke gleichfalls noch in Hoya tätig war, wieder

---

[34] NLA HA Celle Br. 61a, Nr. 5143.

[35] NLA HA, Celle Br. 72, Nr. 623.

selbst über die kriegswichtigen Vorgänge aus Hoya an seine Regierung in Celle.[36]
In der weiteren Korrespondenz des Amtes Hoya mit der herzoglichen Regierung findet sich darüber hinaus auch die Bezeichnung eines Großvoigts, der wiederum mehreren Ämtern vorgesetzt gewesen sei.[37] So findet sich ein Bericht über die Plünderung Hoyas aus dem Jahre 1627, gerichtet an „Herrn Johann Behren, braunschweigisch-lüneburgisch geheimbten Rath und Großvoigt zu Zelle, Drost auf Ahlden zur Hoya und Drakenburg."[38] Im Jahre 1629 wird sein Bruder Dietrich von Behr als „Herr Dietrich Behren, braunschweigisch-lüneburgisch geheimbten und Commerzrath, auch Großvoigt zur Zelle, Drost auf Hoya" bezeichnet.[39] Unklar bleibt dabei, ob die Bezeichnung „Großvoigt" allein als zusätzliche Titulierung eines verdienten Drosten oder als eigenes Amt, verbunden mit erweiterten Kompetenzen zu verstehen ist und welche

---

[36] NLA HA Cal. Br. 16, Nr. 403/I.

[37] von Holle, Ueber Aemter und Beamte in den Althannoverschen Landestheilen, in: Neues Vaterländisches Archiv, 1824, S. 1-44, S. 24.

[38] NLA HA Celle Br. 10, Nr. 117.

[39] NLA HA Celle Br. 61a, Nr. 5143.

Ämter zu welchen „Drosteien" in welchen Zeiträumen zusammengefasst waren. Zudem findet sich ab 1643 anstelle des für bestimmte einzelne Ämter zuständigen Drosten jetzt die Bezeichnung „Landdrost" für die gesamte Grafschaft, Hoya,[40] was sich wahrscheinlich daraus begründet, dass mittlerweile (1642) aufgrund weiterer Erbfolge die gesamte Grafschaft wieder „in einer Hand" vom Fürstentum Lüneburg-Celle aus regiert wurde.

(4) Amtsstruktur

Mit Übernahme der Grafschaft Hoya erließ Herzog Wilhelm der Jüngere in Celle 1583 für die Amtsdiener des Amtes Hoya eine „Hausordnung".[41] Dort werden die Dienstpflichten des Burgvoigts sowie der anderen Amtsvoigte, des Kornschreibers, der Zöllner, Fußknechte, Wächter, Pförtner und Schlüter bis hin zum Koch und den Mägden zumindest ansatzweise beschrieben. Während die Tätigkeit des Amtmannes nicht näher geregelt wurde, sollte der Burgvoigt „das Haus" (womit das Schloss gemeint sein dürfte) sowie das Vorwerk beauf-

---

[40] NLA HA Celle Br. 72, Nr. 362: „Bestallung des Hans Adam von Hammerstein zum Landdrosten der Ober- und Niedergrafschaft Hoya."

[41] NLA HA Hann 74 Hoya, Nr. 102.

sichtigen und dafür Sorge tragen, dass nur dazu befugte Personen Zutritt erhalten und Lieferanten nach Erfüllung ihrer Aufträge das Haus unverzüglich wieder verlassen. Insbesondere sollte er in Küche und Keller keine „Zecher" oder „Beseelschaft" dulden. Der Pförtner in der oberen „Pforte" des Hauses (wobei die räumliche Lage der Pforte nicht näher beschrieben wird) sollte sich nach den Anweisungen des Burgmeisters (dieses Wort wurde in der Akte später gestrichen und durch das Wort „Ambttman" ersetzt) richten und nur „beeidete Diener" einlassen. Bei Gefahr sollte er „die Brücke" heraufziehen und nur die „Klappen" liegen lassen. Wenn Fremde mit Fuhrwerken oder zu Fuß eingelassen würden, sollte er achtgeben, dass diese sich nach Verrichtung ihrer Geschäfte nicht im Keller festsetzen. Der Schlosskeller schien also, da auch der Burgvoigt dort ausdrücklich keine Zecher dulden sollte, ein bekannt neuralgischer Punkt im Schloss gewesen zu sein. Sein Essen durfte der Pförtner der oberen Pforte immerhin – auch dieses Detail war geregelt - in der Küche einnehmen.

Der Pförtner der mittleren Pforte – von der auch nicht mitgeteilt wird, wo sie sich befand - hatte die Aufsicht über die Feuer. Im Amtshaus (das damals also noch Teil des Schlossgeländes gewesen sein muss) und an der Pforte sollte er, wenn die Untertanen etwas anzuzeigen oder zu verlangen hätten, diese den Beamten anmelden und sie im Winter nicht zulange vor der Pforte warten lassen. Diese Vorschrift für den Pförtner der mittleren Pforte wurde allerdings in der Akte später ganz gestrichen, so dass davon auszugehen ist, dass die mittlere Pforte irgendwann nach 1582 nicht mehr vorhanden war. Vielleicht wurde sie im Zusammenhang mit dem Bau eines neuen Amtshauses in der Amtsstraße auch umbenannt in „niedere Pforte", da die folgende Vorschrift über den Pförtner der niederen Pforte in ganz anderer Handschrift als die vorgehenden Texte geschrieben ist, offenbar also erst später hinzugefügt wurde. Dieser Pförtner der niederen Pforte sollte sich nach den Befehlen des Amtmannes richten und „die Brücken beide" abends zu und morgens aufschließen. Ein weiterer Pförtner hatte schließlich die Pforte des Vorwerks zu bewachen und darauf Acht zu geben, wer dort ein und ausgeht. Dieses „Vorwerk" oder „Vorwerkhof" war ein landwirtschaftlich genutztes Anwesen, gelegen an der heutigen (nord-östlichen) Ecke Kirchstraße/Hasseler Steinweg in Hoya, besetzt mit dem Hofmeyer, seiner Frau, fünf „Schweinemeistern", einem „Jungen", einem „Dröscher"

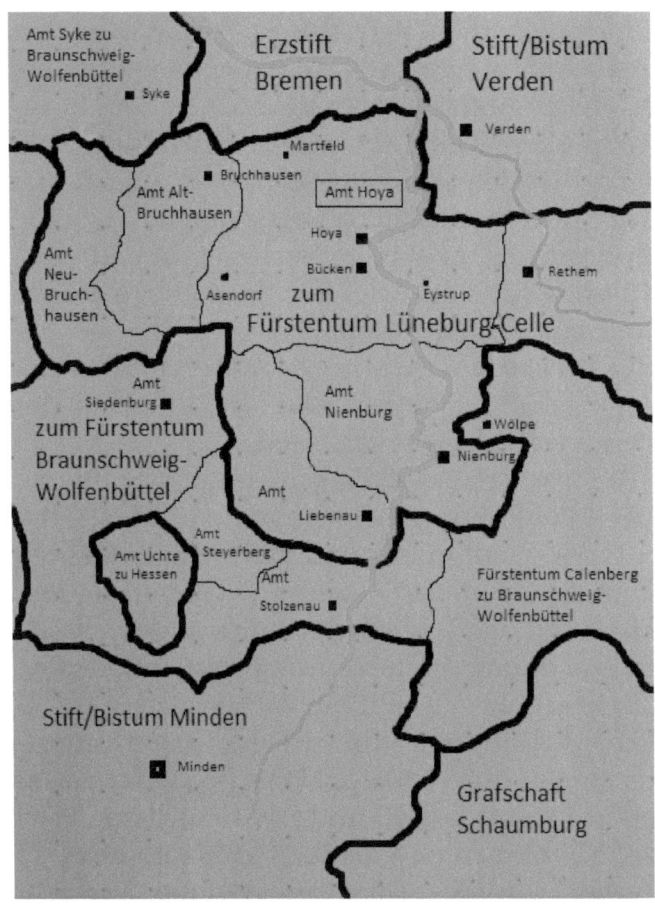

Abbildung 2: Das Amt Hoya und seine Grenznachbarn.

und dem Pförtner.[42] Morgens sollte der dortige Pförtner zudem die „Brücke zur Weide und zur Alhuser Ahe" auf- und abends wieder abschließen und die Schlüssel abends dem Burgvoigt übergeben. Dieser letzte Satz wurde später teilweise gestrichen, so dass er – nach dieser Änderung – abends und morgens jetzt „die Brücken" (ohne nähere Bezeichnung) auf und zuschließen sollte. Bei der Brücke „zur Weide und zur Alhuser Ahe" wird es sich wohl um die Brücke über die sogenannte „Kleine Weser" gehandelt haben, die sich in Höhe des heutigen Bürgerparks befand.

Die Fußknechte sollten gemeinsam abrufbereit bei den Pforten stehen. Sie mussten Pacht und Schulden einfordern und gemeinsam mit den Untervoigten auf Exzesse, Gemeinheiten, Hochmut, Jagd, Holzungen und alles was sich in den Bauerschaften zuträgt achten und dem „Befehlshaber" Meldung machen.

Die „Altenfrauen" und Mägde waren gehalten, außer im Winter, die Wäsche an der Weser oder im Burggraben und nicht auf dem „Platze" zu machen und die Betten reinzuhalten.

Ferner war das Amt der Wächter geregelt. Diese Wächter (späterhin wohl als „Nachtwächter" bekannt) liefen – mit Ablösung um Mitternacht - nachts durch den Flecken Streife.

---

[42] NLA HA Hann. 88 B, Nr. 2827, Blatt 121.

Im Winter sollten sie abends um sieben „Glockenschlag" und dann stündlich fortlaufend bis morgens um vier Uhr das Horn auf dem „Östereich" blasen. Sie hatten im Flecken Hoya auf Feuer und Licht zu achten und Tumulte sowie Störungen der Nachtruhe dem Burgvoigt anzuzeigen. Tagsüber sollten sie dort mitarbeiten, wo sie gerade gebraucht würden, im Backhaus, dem Vorwerk oder der Fischerei. Der in diesem Zusammenhang etwas eigentümliche Name „Östereich" wird von Merian (1654) erwähnt und erklärt: *Wie alte Leute berichten, soll das Schloß anfänglich auff der andern oder lincken Seiten der Weser gestanden seyn, an dem Orte, welcher noch anjetzo die alte Hoya genant, und zur Weide gebraucht wird (…) Hernachmals ist es (das Schloss) auff einen Anwurf des Weserstroms, da sich derselbe theilet, in eine Ecke gesetzet, und hinten nach der Ecke zu ins runde gebauet. Vorwerts aber hat es zwey Ecken und einen Thurm in der mitte, zwischen den andern Gebäuden, das Oestereich genant, darunter das Thor und Eingang des Schlosses gemachet worden*".[43] „Östereich" war also der Name des Schlossturmes zu Hoya.

---

[43] Matthäus Merian, Topographia und Eigentliche Beschreibung der vornehmbsten Städte, Schlösser auch anderer Plätze und Örter in den Herzogthümern Braunschweig und Lüneburg, Frankfurt 1654, S. 123.

(5) Die Amtsvisitation von 1618

Anlässlich einer Besichtigung des Amtes Hoya vom 22. September 1618 (und damit, ausgehend vom Prager Fenstersturz vom 23. Mai 1618, bereits während des gerade beginnenden Dreißigjährigen Krieges) durch die herzoglichen Räthe Julius von Bülow und Johan Behr wurde dem Amt befohlen, dass ab sofort ein jeder Drost, Hauptmann, Amtmann, Amtsschreiber und Voigt *„alsbald in den ihnen betrauten Ämtern und Voigteien"* Verzeichnisse der in ihren Bezirken gelegenen Mühlen, Fischereien, Bäckereien, Pachten und anderer Gerechtigkeiten in doppelter Ausführung – wobei von jedem Register eine Ausfertigung nach Celle zu schicken sei - aufnehmen wolle. Außerdem sollten ab sofort sämtliche Ausgaben des Amtes (ganz modern) möglichst durch Quittungen belegt und alle Ein- und Ausgaben einheitlich in der Währung *„Reichstaler"* geführt werden. Die genannten Beamten (damals noch als *„Beampte"* verschriftlicht) sollten nicht nur das ihnen anvertraute Amt in jetzigem Zustand halten, sondern es nach Möglichkeit in einen *„noch besseren Stand"* versetzen. Der Herzog *„richte seine Gedanken dahin"*, nach Abtragung der Schulden (womit wohl die bei Übernahme der Grafschaft Hoya 1582 bestehende hohe Verschuldung derselben – die durch die Untertanen abzutragen war - ge-

meint sein dürfte) keine weiteren Schulden mehr zu machen, damit es nicht nötig wäre, die *„Schatzungen"* aufrechtzuerhalten um die armen und erschöpften Untertanen nicht ganz *„auszumergeln"*.[44]
Der Visitationsbericht ist recht knapp und wohlwollend gehalten und enthält sich jeglicher Kritik an den Zuständen im Amt. Es wurden lediglich einige durchaus kleinliche Verbesserungsvorschläge, insbesondere zum sparsamen Einsatz aller Ressourcen, unterbreitet. So wurde dem Amt etwa vorgegeben, welche Räume im Schloss mit welcher Höchstmenge an Holz geheizt werden dürfen (*„So sollen auf dem Hause nicht mehr als in der Küche, im Backhause, Amtsstube, Hofstube, im Kinderzimmer des Drosten, Pfortenstube, Stallstube, Altfrauenstube und im Stüblein des Kornschreibers, im ganzen also neun Feuer in Winterszeit gemacht werden"*) und welche nicht: *„Das Feuer auf dem Wächterboden*[45] *soll ganz abgeschaffet und dagegen den Wächtern Röcke gegeben werden."* Ebenfalls auf dem Schloss sollten *„die Altenfrauen alle Sonnabend vor den Öfen und wo sonst Feuer gehalten wird, die Asche fleißig aufsammeln, an einen besonderen Ort aufschütten, und was sie nicht*

---

[44] NLA HA Hann 74 Hoya, Nr. 102, Blatt 29.

[45] Der sich wahrscheinlich im „Östereich", also dem Schlossturm befunden haben dürfte.

nötig zu verbrauchen, soll verkauft und seiner fürstlichen Gnaden berechnet werden." Solch geradezu „heilige preußische Sparsamkeit" war also bereits vor den Preußen längst erfunden. Der Amtmann konnte mit dem Ergebnis der Visitation wohl durchaus zufrieden sein, da der Abschlussvermerk der Regierungskommission lautete, dass es *„im Übrigen bei der Verwaltung des Amtes in jetzigem Zustand verbleiben könne"*. Feststellen lässt sich anhand des Visitationsberichts, dass zu dieser Zeit neben dem Amtmann stets auch ein Drost in Hoya ansässig war, der seinen Dienstsitz im Schloss hatte. Deutlich wird aber auch, dass die Hoyaer bereits bei Ausbruch des Krieges eher in bedrängten wirtschaftlichen Verhältnissen gelebt haben, da wahrscheinlich mehrere Sonderbesteuerungen - zur Begleichung der mit der Übernahme der Grafschaft Hoya durch die Welfen verbundenen Schulden - die Untertanen bereits *„arm und erschöpft"* gemacht hatten. So wiesen etwa auch die Herzöge zu Braunschweig-Wolfenbüttel und Calenberg bereits 1583 darauf hin, dass die armen Untertanen der von ihnen übernommenen Obergrafschaft Hoya *„da sie durch Schatzungen bereits so ausgemergelt seien, mit neuer Zulage nicht übereilet werden dürften"*. Nichtsdestotrotz wurde den armen Ausgemergelten noch im selben Jahr eine neue Sondersteuer ("Viehschatz") zur Abtragung der Schulden der Obergrafschaft auferlegt. Auch für die Niedergrafschaft Hoya wurde seitens des Fürsten von Lüneburg-Celle nach Übernahme der ihm zugesprochenen Ämter sogleich eine „Schatzausschreibung" beschlossen.[46]

3. Regierende Fürsten

Regent des Fürstentums Lüneburg-Celle war bei Beginn des Dreißigjährigen Krieges Herzog Christian der Ältere. Ihm folgte 1633 sein Bruder August und 1636 der weitere Bruder Friedrich IV. nach. Ein weiterer Bruder dieser drei nacheinander regierenden Fürsten, Herzog Georg, war zunächst als General der niedersächsischen Kreisarmee unmittelbar in die Kriegsgeschehnisse in Niedersachsen verstrickt, bevor er später die Regentschaft im benachbarten, ebenfalls welfischen, Fürstentum Calenberg (mit Göttingen-Grubenhagen) antrat.

Im Fürstentum Braunschweig-Wolfenbüttel regierte bei Kriegsbeginn der Vetter der Herzöge von Celle, Herzog Friedrich-Ulrich und ab 1635, als dessen Nachfolger, August der Jüngere. Ein jüngerer Bruder des Herzogs

---

[46] Hodenberg, Hoyer UB, a.a.O., Urkunde Nr. 1673, 1679, 1699.

Friedrich-Ulrich war Herzog Christian, Bischof von Halberstadt, der sich in den Anfangsjahren des Dreißigjährigen Krieges gleichfalls einen Namen als Armeegeneral (einer eigenen, selbst und durch Dritte finanzierten „Privatarmee") machte, und den die Zeitgenossen, da er sich wohl „wie toll" aufführte, den „Tollen Halberstädter" oder „Tollen Christian" nannten.

Die beiden weiteren welfischen Fürstentümer Calenberg und Göttingen-Grubenhagen wurden zu Beginn des Dreißigjährigen Krieges, bis in das Jahr 1635 hinein, zunächst von Herzog Friedrich-Ulrich gemeinsam von seinem Fürstentum Braunschweig-Wolfenbüttel aus regiert. Erst nach dessen Ableben trat Herzog Georg, der oben genannte General der niedersächsischen Kreisarmee und weitere Bruder der in Celle regierenden welfischen Herzöge, die Regierung über die Fürstentümer Calenberg und Göttingen-Grubenhagen an. Nach dessen Tod folgte ihm 1641 sein Sohn Herzog Christian Ludwig, bis sich 1705 endlich eine zum späteren Königreich Hannover führende Verbindung der Fürstentümer Lüneburg-Celle, Calenberg und Grubenhagen ergab, während Braunschweig-Wolfenbüttel weiterhin selbständig blieb (so dass im 19. Jahrhundert neben dem späteren Königreich Hannover auch

weiterhin ein selbständiges Herzogtum Braunschweig existierte).
Die Korrespondenz zwischen dem Fürsten und seinen Amtsdienern in Hoya erfolgte über die herzogliche Kanzlei in Celle. Der Schriftverkehr ist insoweit formalisiert, als die Drosten und Amtmänner die stets gleiche Eingangs- und Grußform gebrauchten: *„Hochwürdiger, durchleuchtiger, hochgeborener Fürst, E.F.G. (Euer fürstliche Gnaden) seid unserer untertänigen, pflichtschuldigen, gehorsamen willige Dienste jederzeit bevor."* Die Schlussformel war ähnlich lang gestrickt: *„E. F. G. hiermit Gottes gnädigen Schutze zu allem hohen fürstlichen Wohlstand, langer, glückseliger, friedfertiger Regierung und gefristeter Erhaltung getreulich uns in dero beharrliche Gnade untertäniglig befehlende (Datum, Ort) E.F.G. untertänige, pflichtschuldige, gehorsame willige Diener"* (Namen).[47] Die Antwortschreiben aus Celle (die im Original in Hoya lagerten und dort später untergingen) liegen den Akten regelmäßig als mehr oder minder abgekürzte handschriftliche Kopie bei (ohne Grußformel), so dass sich der Schriftwechsel noch weitgehend nachvollziehen lässt.

---

[47] Schreiben des Drosten Levin von Hodenberg vom 19. Februar 1623 an die Kanzlei in Celle, NLA HA Celle Br. 11, Nr. 68, Blatt 28.

B. Der Böhmisch-Pfälzische Krieg

1. Die Lageentwicklung bis Ende 1622

Aufgrund harter Repressalien gegenüber der protestantischen Bevölkerungsmehrheit in Böhmen - durch den 1617 zum Böhmischen König gewählten (katholischen) habsburgischen Erzherzog Ferdinand – kam es in Prag zu Unruhen, die schließlich zum berühmten „Prager Fenstersturz" führten. Im Anschluss bildeten die böhmischen Stände ein Direktorium, das eine Verfassung ausarbeiten und die Wahl eines neuen Königs (unter beabsichtigter Abwahl des habsburgischen Erzherzogs, böhmischen Königs und späteren Kaisers Ferdinand) sowie die militärische Verteidigung gegen die Habsburger organisieren sollte. Im Sommer 1618 kam es in Südböhmen zu ersten Gefechten, während sowohl der (spätere) Kaiser Ferdinand in Wien, wie die Böhmen händeringend Verbündete für diesen Krieg suchten. Die böhmischen „Rebellen" konnten den Kurfürsten Friedrich V. von der Pfalz, das Oberhaupt der Protestantischen Union, der später unter der Bezeichnung des „Winterkönigs" in die Geschichte eingehen sollte, für sich gewinnen. Dieser finanzierte zur Unterstützung Böhmens eine Armee unter dem Berufssoldaten Graf Ernst von Mansfeld. Mansfelds Truppen konnten die habsburgische Armee zunächst zum Rückzug zwingen. Sein Heer drang sogar in die österreichischen Stammlande der Habsburger ein und stand im Juni 1619 kurz vor Wien. Doch dann wendete sich das Kriegsglück und den Habsburgern gelang es ihrerseits vorzurücken. Im Sommer 1619 setzte die böhmische Ständeversammlung dann Ferdinand als König von Böhmen dennoch offiziell ab und wählte stattdessen den protestantischen Kurfürsten Friedrich V. von der Pfalz zum neuen König von Böhmen. Der abgewählte Ferdinand wurde währenddessen in Frankfurt am Main von den (übrigen) Kurfürsten zum römisch-deutschen Kaiser gekürt.

Im folgenden Jahr gerieten die Böhmen zunehmend in die Defensive. Die Katholischen Liga (ein Bündnis der katholischen Regenten, das den Habsburgern Verstärkung v.a. durch die bayerische Armee verschaffte) und die Protestantische Union schlossen zur Verhinderung der unkontrollierten Ausbreitung des Krieges ein Nichtangriffsabkommen, sodass der neue böhmische König Friedrich V. von Seiten anderer protestantischer Staaten keine Hilfe mehr erwarten konnte. Im September marschierte das kaiserlich-ligistische Heer in

Böhmen ein und siegte am 8. November 1620 in der Schlacht am Weißen Berg. Friedrich V. musste Prag verlassen (ebenso wie seine Frau Elisabeth, die Tochter des Königs von England, die auf ihrer Flucht Richtung England Anfang März 1621 sogar nachweislich in Rethem/Aller übernachtete[48]) und suchte in Norddeutschland nach neuen Verbündeten. Tatsächlich lud ihn der dänische König Christian IV. zusammen mit anderen protestantischen Herzögen, so auch Herzog Christian von Celle, Gesandten aus England, Holland, Schweden, Brandenburg und Pommern zu einer Konferenz ein, um gemeinsame Maßnahmen gegen die Machtzunahme des (katholischen) Kaisers zu beschließen. Da aber keine Einigkeit herzustellen war, löste sich die Protestantische Union im April 1621 schließlich ganz auf.

1621 lief aber auch ein zwölfjähriger Waffenstillstand zwischen den (sich bereits seit 1568 im Unabhängigkeitskampf befindlichen) „freien" Niederlanden und dem habsburgischen Spanien aus. Schon im Sommer 1620 hatte ein aus Flandern kommendes spanisches Heer auch die Stammlande des „Winterkönigs"

---

[48] Schweringen, Ortsteile Schweringen - Holtrup - Eisse, 850 Jahre, Eine Gemeinde an der Weser, Eystrup 1989, S. 82.

Friedrich V. in der Pfalz angegriffen. Jetzt begann also zeitgleich auch am Niederrhein wieder der bis dahin weitgehend unentschieden geführte Dauerkrieg zwischen protestantischen Niederländern und katholischen Habsburgern.

Trotz der Auflösung der Protestantischen Union finanzierten diverse in- und ausländische Staaten weiterhin, mehr oder minder geheim, die in Deutschland noch verbliebenen protestantischen Heerführer. Das waren zum einen der bereits in Böhmen und der Pfalz kriegserprobte Graf Ernst von Mansfeld und zum anderen der junge Herzog Christian von Braunschweig-Wolfenbüttel (Bischof von Halberstadt und jüngerer Bruder des in Wolfenbüttel regierenden Herzogs Friedrich-Ulrich, genannt der „Tolle Christian"), der eine ansehnliche „Privatarmee" aufgestellt hatte. Dieser Herzog war gerade erst 23 Jahre alt. Seine Armee war 1621 von diversen protestantischen Staaten finanziert worden, bestand aus angeworbenen Söldnern und diente zunächst den Interessen Friedrich V. gegen den Kaiser. Dieses Heer fiel im Januar 1622 aber zunächst plündernd in die Provinz Westfalen, die damals zum katholischen (und damit aus Friedrich V. und des Tollen Christian Sicht feindlichen) Kur-Köln gehörte, ein und eroberte und plünderte u.a. die Städte Paderborn und Soest.

Mithilfe des geraubten Paderborner Domschatzes konnte die Armee durch Anwerbung neuer Söldner auf gut 20.000 Mann verstärkt werden.

Diese Vorgänge in Norddeutschland hatten bei den kaiserlich-ligistischen Truppen natürlich Aufmerksamkeit gefunden und so folgte nun ein kaiserliches Heer unter dem Kommando des Grafen Anholt dem Tollen Christian von Süddeutschland aus kommend durch Hessen nach Westfalen. Damit standen im Frühjahr 1622 nun zwei Armeen unmittelbar an den Grenzen der welfischen Fürstentümer und des niedersächsischen Reichskreises. Die Regierungen in Celle und Wolfenbüttel beobachteten diese Entwicklung mit äußerster Sorge, da man nicht wusste, ob (auch wenn offiziell gegenüber jedermann Neutralität gewahrt wurde) diese großen Armeen nicht auch die welfischen Lande plündern oder gar erobern würden.

Das in Hoya in diesem Zusammenhang bereits eine erste Einquartierung von Truppen vorgenommen wurde, ist wohl eher unwahrscheinlich. Es existiert zwar im Landesarchiv Hannover eine bereits vom Juni 1622 datierende Akte mit der Aufschrift: *„Anordnung an den Magistrat zu Hoya zur Verschonung des Quar-*

tiermeisters Greinert".[49] Aus der Akte geht hervor, dass der braunschweigisch-wolfenbüttelsche Quartiermeister Jobst Greinert auf Befehl seines Obersts in einzelnen Wohnhäusern „der Stadt" Truppen unterbringen wollte. Dazu habe er einen nicht näher genannten (und von der Stadt als Straftat gewerteten) „Handel" abgeschlossen. Die Korrespondenz richtet sich allerdings an die (für Hoya nicht zuständige) Regierung in Braunschweig-Wolfenbüttel, wobei die Adressangaben der einzelnen an die Stadt „Hoya" gerichteten Briefe höchst unleserlich sind. Wahrscheinlich handelt es sich in Wahrheit nicht um eine „Hoya" sondern die Stadt „Höxter" betreffende Akte: Höxter wurde in alter Zeit auch als „Höxer" geschrieben (wobei „x" und „y" sich durchaus ähneln und ein schlecht geschriebenes „er" auch als „a" gelesen werden kann) und, anders als Hoya, auch durchweg als „Stadt" bezeichnet. Der vom Landesarchiv eingepflegte Aktenbetreff dürfte also schlichtweg falsch sein. Belegt ist damit aber immerhin, dass der Herzog in Wolfenbüttel bereits frühzeitig eigene Truppen zur Bewachung seiner Grenze an der Oberweser abschickte.
Die protestantischen „Privatarmeen" (Mansfeld und der Tolle Christian) ergriffen dann im

---

[49] NLA HA Cal. Br. 15, Nr. 1410.

Frühsommer 1622 als erste die Initiative und zogen mit ihren geworbenen Truppen aus unterschiedlichen Richtungen in die Kurpfalz, um das Blatt noch einmal zugunsten des Winterkönigs Friedrich V. zu wenden. Nach anfänglichen Erfolgen wurde der Tolle Christian aber im Sommer 1622 in der Schlacht von Höchst bei Frankfurt/Main vom kaiserlich-ligistischen Heerführer Generalleutnant Graf Tilly geschlagen, der anschließend auch noch Mansfelds Armee aus der Kurpfalz verdrängen konnte. Ab Herbst 1622 wurde dann die ganze Pfalz von Tillys Truppen besetzt und die protestantischen Armeen zogen sich nach Norddeutschland zurück. Friedrich V. (der ja als Kurfürst immer noch Landesherr der Pfalz war) verlor am 23. Februar 1623 auch seine Kurwürde, die vom Kaiser – im Wege eines Verfassungsbruchs - auf Herzog Maximilian von Bayern (der seine Armee dem Kaiser zur Verfügung gestellt hatte und zur Belohnung nun als neuer Kurfürst auch offiziell über die Pfalz herrschen konnte) übertragen wurde.

2. Mobilmachung, Dezember 1622

Die Auswirkungen dieser langsam um sich greifenden kriegerischen Auseinandersetzungen (die erst hundert Jahre später unter dem Namen „Dreißigjähriger Krieg" zusammengefasst wurden) sind, soweit bekannt, erstmals zum Jahreswechsel 1622/1623 für Amt und Flecken Hoya spürbar.[50] Zwar gab es, abgesehen von der im Frühjahr 1622 gegebenen latenten Bedrohung durch ein katholisches und ein protestantisches Heer, auch bereits zuvor einige mehr oder minder große Konflikte im norddeutschen Raum, als etwa dänische Truppen 1619 das zum Erzstift (Erzbistum) Bremen gehörige Stade besetzten oder lüneburgische Truppen 1620 gegen die Stadt Hamburg zu Felde zogen.[51] Das alles hat das Amt Hoya aber noch nicht unmittelbar berührt. Zwar wurde das hoyaer Schloss im August 1622 vorsichtshalber von kreiseigenen Trup-

---

[50] Heinrich Gade, Geschichte des Fleckens Hoya. In: Zeitschrift des historischen Vereins für Niedersachsen, Jg. 1866, Hannover 1867, S. 173, geht zwar davon aus, dass ein dänischer Major mit seinen Truppen bereits im Jahre 1622 das Schloss Hoya im Handstreich besetzt hätte. Für diese These findet sich allerdings weder ein Beleg, noch spricht die Abfolge der Geschehnisse dafür, dass sich dänische Truppen bereits in diesem Jahre längs der Weser gezeigt hätten. Gade hat wohl lediglich die falschen Angaben bei Merian, a.a.O., S. 123 übernommen.

[51] Julius Otto Opel, Der niedersächsisch-dänische Krieg, Band 1, Der niedersächsische Krieg 1621-1623, S. 64 und 101.

pen besetzt. Diese zogen aber bald wieder ab.[52]
Doch jetzt, nach dem endgültigen Sieg der katholisch-kaiserlichen Liga in der Pfalz und dem Rückzug der geschlagenen protestantischen Heere des Tollen Christians und des Grafen Mansfeld nach Norden, tauchten plötzlich auch die ersten „Kriegsvölker" unmittelbar an den Grenzen des Amtes Hoya auf. Die Truppen des Tollen Christian zogen, vom Oberrhein kommend, durch die spanischen Niederlande, halfen Moritz von Oranien bei der Befreiung Bergen-op-Zooms gegen die Spanier (Oktober) und bezogen dann zunächst erneut in Westfalen Quartier. Gegen Jahresende tauchten sie aber plötzlich auch in der Grafschaft Hoya auf. So hatte der Tolle Christian zur Jahreswende 1622/1623 bereits eine größere Zahl braunschweigischer Ämter gewaltsam besetzt.[53] Damit war der Krieg endgültig auch an der mittleren Weser angelangt und Herzog Christian in Celle musste reagieren.
Der älteste aktenkundige Hinweis auf das nahende Kriegsgeschehen findet sich in einem

---

[52] Schweringen, a.a.O., S. 85.

[53] Opel, a.a.O., S. 386.

Schreiben vom 23. November 1622.⁵⁴ Dort meldete der nienburger Amtmann eine per Schiff erfolgte Anlandung von zehn Kompanien englischer (!) Soldaten in Stolzenau. Diese vom britischen Bündnispartner des Tollen Christian und des Mansfelders gestellte Truppe sei bislang im Krieg in der Pfalz vor Mannheim (das erst am 5. November 1622 von Graf Tilly erobert worden war) gegen kaiserliche Truppen eingesetzt und nun nach Norddeutschland zurückgezogen worden. Was nun gerade diese Engländer in Stolzenau wollten, sei dem Amtmann vollkommen unklar. Aufgrund des starken Frostes seien die Kompanien jetzt aber an Land gegangen und vom nienburger Amtmann notgedrungen auf verschiedene Quartiere verteilt worden. Dazu habe er auch einen Teil dieser Soldaten in die Ämter Bruchhausen und Hoya einweisen müssen. Die Engländer würden sich aber offenbar diszipliniert betragen und sämtliche ihnen zur Verfügung gestellte Verpflegung

---

54 NLA HA Celle Br. 10, Nr. 69; soweit Hartmut Bösche (Frühe Geschichte der Kirchengemeinde Hoyerhagen, in: Waltraut und Johann Meyer, Hoyerhagen, Höfe, Häuser und Familien, Verden 2016, S. 622) Mansfelder Soldaten bereits im Frühjahr 1622 statt 1623 in Hoyerhagen vermutet, handelt es sich offenbar um einen Druckfehler, da die von ihm angegebene Quelle aus dem Jahre 1623 datiert.

ordnungsgemäß bezahlen. Dennoch gab er zu bedenken, die Festung Nienburg vorsichtshalber stärker zu bevorraten und mit mehr Soldaten zu besetzen. Neben den Engländern würde vielleicht noch die gesamte Armee des Tollen Christian hier anlanden, und niemand wisse, was diese fremde Truppe denn nun eigentlich im Schilde führe.

Die katholisch-kaiserliche Liga unter ihrem Oberbefehlshaber Graf Tilly machte sich nach dem endgültigen Sieg in der Pfalz unverzüglich wieder an die Verfolgung der protestantischen Heere, die nach wie vor eine Bedrohung der kaiserlichen Macht darstellten. Also näherte sich Tilly mit seiner Armee ebenfalls erneut dem bis dahin immer noch neutralen niedersächsischen Reichskreis. Angesichts der von allen Seiten steigenden Gefahrenlage beschloss der niedersächsische Kreistag nunmehr, zur notfalls bewaffneten Aufrechterhaltung seiner Neutralität, eine eigene Armee in Stärke von 10.000 Mann auszurüsten. Als Führer der Truppe (Kreisgeneral) wurde Herzog Georg von Lüneburg, der jüngere Bruder des in Celle regierenden lüneburgischen Herzogs Christian (der als Kreisoberst den Oberbefehl führte), gewählt. Als latent feindlich galten dem Reichskreis sowohl die beiden inzwischen miteinander kooperierenden protestantischen Privatarmeen wie auch die kaiserlichen Truppen, da auch über deren wahre Absichten keine Gewissheit bestand.

Mansfeldsche Truppen (wahrscheinlich einschließlich der aus Stolzenau kommenden Engländer) durchstreiften derweil bereits die Ämter Stolzenau, Steyerberg und Diepenau, die Armee des Tollen Christian sammelte sich offenbar weiter westlich bei Diepholz.[55]

Am 27. November 1622 berichteten auch die Beamten aus Hoya erstmals über ungewöhnliche Truppenbewegungen.[56] Ein Oberst von Dorth[57] solle dem Grafen Mansfeld ein Regiment Akebusierreiter und Dragoner zuführen. Deshalb sei der Quartiermeister dieses Herrn von Dorth in Hoya vorstellig geworden und habe darum gebeten, seinem Regiment den Durchzug (wahrscheinlich von Ost nach West) und ein oder zwei Übernachtungslager zuzugestehen. Diesen Wunsch hätten der Drost,

---

[55] Opel, a.a.O., S. 386.

[56] NLA HA Celle Br. 11, Nr. 31/I, Blatt 2 ff.

[57] Johann von Dorth stammt aus dem kurkölner Gebiet und war bei Kriegsbeginn Rittmeister bei Mansfeld. Er war später Kommandeur der Landungstruppen unter dem niederländischen Admiral Tromp und starb in Brasilien, vgl. www.30jaehrigerkrieg.de/von dorth, in: Warlich, Der Dreißigjährige Krieg in Selbstzeugnissen, Chroniken und Berichten.

Levin von Hodenberg, und der Amtmann, Asmus von der Myll, aber abgelehnt, wobei sie sich auf eine entsprechende Weisung ihres Herzogs berufen konnten. Der Quartiermeister sei also unverrichteter Dinge wieder weggeritten. Die hoyaer Beamten schlossen ihren Bericht mit den Worten, *„dass man nicht wisse, was weiter geschehen wird"*.
Bereits am nächsten Tag ergriff Celle erste Verteidigungsmaßnahmen. Man wolle den Rittmeister Hans von Petersdorff[58] kurzfristig nach Hoya schicken, um sich *„an das Volk zu verfügen"*. Falls das genannte Regiment des Herrn von Dorth doch durch das Amt Hoya ziehen würde, solle man bitte für eine Begleitung der Reiter sorgen und sicherstellen, dass *„alles bezahlt wird und die Untertanen ihre besten Sachen an einen sicheren Ort bringen mögen"*.
Am 4. Dezember meldete Hoya, dass weder der Oberst von Dorth noch seine *„vornehmen Offiziere"* im Flecken Hoya gewesen seien. Sie hätten aber mit ihrer Truppe *„mit einigen hun-*

---

[58] Hans von Petersdorf stammt aus Witzin/Mecklenburg (vgl. www.wikiwand.com/petersdorff) nahm 1634 als Major an dem siegreichen Gefecht der schwedisch-lüneburgischen Truppen gegen kaiserliche Regimenter bei Bevern teil und dürfte später in der Zivilverwaltung als Hofmarschall (NLA HA Cal Or. 15, Nr. 163 Laufzeit: 1638) und Oberhauptmann in Harburg (NLA HA Celle Br. 61a, Nr. 3532 Laufzeit: 1643) gedient haben.

dert Mann" das Amt in Richtung Verden durchzogen und ein Nachtlager im Amtsgebiet gehalten. Schäden habe es nicht gegeben. Zusätzlich teilten sie noch mit, dass nach ihren neusten Informationen eine viertausend Mann starke kaiserlich-spanische Armee im Bistum Münster im Begriff sei, sich in Richtung der Weser zu bewegen, womit die Gefahr eines Zusammenstoßes zwischen dem Tollen Christian, dessen Armee immer noch im Raum Diepholz vermutet wurde, und dem Kaiser in der hiesigen Region drohe.

Eine Woche später erinnerte der nienburger Amtmann Celle an die schlechte Versorgungslage der Festung Nienburg. Unter den insgesamt nur sechs Soldaten der Festung befänden sich auch noch zwei „alte Gesellen", und überhaupt wäre mit dieser kleinen Besatzung, ebenso wie mit der in Drakenburg, im Notfall wohl wenig auszurichten.

Weitere vier Tage später berichteten die Drosten von Nienburg und Hoya gemeinsam, dass dreihundert Reiter des Tollen Christian aus dem Amt Syke kommend, durch Bruchhausen und Vilsen nach Nienburg gezogen seien. Dort wären sie ungestört über die Weser gegangen und hätten sich nun im Amt Wölpe festgesetzt. Es sei anzunehmen, dass diese Truppe die verschiedenen Weserübergänge auskundschaften solle. Offenbar hätte der Tolle Christi-

an Sorge, aus westlicher Richtung durch die gemeldeten Spanier angegriffen zu werden und wolle sich nun einen Rückzugsplan Richtung Osten – über die Weser - zurechtlegen.
Der aus Celle inzwischen eingetroffene Rittmeister von Petersdorff war daraufhin nach Eystrup geritten, um diesen in Wölpe lagernden fremden Soldaten entgegenzuziehen. Als er dort ankam, war diese Abteilung aber auf Veranlassung des Capitäns Rhode aus Nienburg schon wieder Richtung Westen, nach Siedenburg und Ehrenburg, abgezogen. Petersdorff meldete aber sogleich einen weiteren Vorfall. *„Am vergangenen Sonnabend"* hätten sich elf Reiter mit der Bitte um Durchzug an den Schlagbäumen Hoyas eingefunden. Diese hätten der Wache angegeben, im Auftrag des Grafen von Oldenburg unterwegs zu sein. Bei Prüfung ihres „Patents" habe sich aber ergeben, dass sie zu den Truppen des Tollen Christian gehörten. Man habe sie daher *„mit Schimpf wieder fortgeschafft"*. Endlich seien soeben dreißig Reiter und vierzig Soldaten zu Fuß in Rethem angekommen. Der dortige Drost habe sie sofort über die Grenze in das hinter der Aller beginnende Ausland (das Fürstbistum oder Hochstift Verden) fortbringen lassen.
In Hoya und Nienburg arbeitete man derweilen an der Mobilmachung. Noch am Silvestertag 1622 berichteten die hoyaer Beamten über

den Stand der Dinge nach Celle. Man habe die „*Pässe*" nun Tag und Nacht mit Wachen versehen. Ferner habe man, ganz wie gewünscht, die Untertanen sämtlich gemustert. Dieselben hätten „*mit ihren Gewehr, darauf sie gesetzt, Kraut und Loht*[59] *empfangen*". Der „*Landcapitain*" Dietrich Precht[60] habe sich auch erkundigt, inwieweit unter diesem „*Ausschuß*" qualifizierte Personen vorhanden wären, die man zu Offizieren und Befehlshabern bestellen und gebrauchen könne. Das Ergebnis sei leider enttäuschend: Unter allen dienstpflichtigen hoyaer Amtsuntertanen habe er nur zwei Männer gefunden, denen man eine solche Offiziersstelle anvertrauen könne. Alle anderen wären

---

[59] Altertümlich für „Pulver und Blei".

[60] Da Precht (anders als die anderen genannten eigenen Kapitäne/Hauptleute zumindest in der Akte NLA HA Celle Br. 11, Nr. 92/I) ausdrücklich als „Landcapitain" bezeichnet wird, wird er wohl die Funktion eines Hauptmanns der amtseigenen „Bürgerwehr" (damals als „Ausschuss" betitelt) inne gehabt haben. Wahrscheinlich dürfte es sich bei Dietrich Precht um den Amtmann von Neu-Bruchhausen handeln, der im Krieg, sozusagen als „Reserveoffizier" fungiert. Auch der Drost von Diepholz, Curdt Plato von Gehlen, dient während des Krieges als Obrist-Leutnant, vgl. NLA HA Celle Br. 11, Nr. 31/II, Blatt 167 f.

höchstens zum „*Scharstanten*"[61] zu gebrauchen.
Bezüglich des Schlosses wäre die Lage auch nicht besser. Man würde es bei einem Angriff auf längere Dauer wohl nicht halten können. Zum einen sei es nicht befestigt, zum anderen verfügte es nur über ein (richtiges) Geschütz, sechs „*Scherpentinen*"[62] und zehn „*Hakenrofen*"[63]. Es gäbe auch nur wenig Munition und kaum Lebensmittelvorräte. Vor allen Dingen gäbe es im ganzen Amt leider niemanden, der wisse, wie man das Geschütz eigentlich bedienen müsse. Falls das Schloss besser ausgestattet werden solle, möge Celle bitte entsprechende Anordnungen treffen. Vor Ort könne man bei den abgabenpflichtigen Bauern sicherlich noch zwanzig „Zinsschweine" einziehen und zu gegebener Zeit schlachten. Ansonsten wisse man aber nicht, woher Vorräte genommen werden sollten. Behufs des Geschützes sei auch zu überlegen, ob man vor Ort nicht einen geschulten Artilleristen in

---

[61] Wahrscheinlich altertümlich für „Sergeant", also Unteroffizier.

[62] Geschütze kleinen Kalibers.

[63] Eventuell sind damit schwere „Hakenbüchsen" gemeint.

Dienst nehmen könne. Dessen Bezahlung müsste aber auch noch geklärt werden.[64]
Während in Hoya also noch gerüstet wurde, eroberte Oberst von Dorth, dessen Truppen Ende November durch das Amt Hoya gezogen waren, Sylvester 1622 bereits die Stadt Wildeshausen.

3. Verstärkung im Anmarsch, Januar 1623

Celle veranlasste zum Jahresanfang 1623 (wohl nicht zuletzt aufgrund des Berichts über die doch recht bescheidenen hoyaer Defensivfähigkeiten) eine Truppenverlegung an die Weser. Mit Schreiben vom 2. Januar 1623 an den Amtmann in Winsen und den Voigt von Burgwedel forderte der Herzog zur Verstärkung jeweils einhundert Männer vom dortigen Ausschuss bzw. den *„Freyen"* an.[65] Bei dem hier verwendeten Begriff „Freye" hat es sich tatsächlich um eine geographische Be-

---

[64] NLA HA Celle Br. 11, Nr. 31/I, Blatt 45.

[65] NLA HA Celle Br. 11, Nr. 31/II, Blatt 1 f.

stimmung gehandelt,[66] nämlich um Soldaten aus „dem Großen Freien" (südöstlich von Hannover). Während die Winsener nach Nienburg befohlen wurden, kamen die Freyen nach Hoya. Am 11. Januar 1623 meldete der Voigt von Burgwedel, dass man die angeforderte Truppe, unter Führung eines Fähnrichs namens Ernst nebst zwei „Scharstanten", nunmehr nach Hoya in Marsch gesetzt habe.[67] Ebenfalls zum Jahresanfang meldete sich auch Oberst Dorth erneut. Dessen Rittmeister Hermann Nolte schrieb am 3. Januar an den Drosten Johann von Weyhe[68] in Nienburg. Er sei Kompaniechef des Obersts von Dorth und gemeinsam mit dem Rittmeister Georg von Hatzfeldt damit beauftragt, in den Ämtern Liebenau, Steyerberg und Nienburg Musterungsplätze zur Vermehrung seiner Truppe einzurichten. Die beiden hätten eine Kompa-

---

[66] So bereits Hartmut Bösche, Hoya 1622 – 1625. Eine Familienbibel als Spiegel des Dreißigjährigen Krieges, in: Nienburger Heimatkalender 1992, S. 1. Ebenso Schweringen, a.a.O., S. 89.

[67] NLA HA Celle Br. 11, Nr. 31/II, Blatt 1 und 26.

[68] In der Akte NLA HA Celle Br. 72, Nr. 156/I wird ein Johann von „Weihe" am 20.9.1606 bereits als Amtmann in Hoya genannt. Wahrscheinlich dürfte er später zum Drosten in Nienburg befördert worden sein.

nie Reiter und ein Fähnlein Dragoner bei sich. Während Hatzfeld nach Liebenau gehen solle, habe Nolte sich vorerst in Neu-Bruchhausen einlogiert. Soweit der Drost das wünsche, werde er aber gerne auch an jedem anderen Ort sein Quartier nehmen.

Am nächsten Tag trafen sich daraufhin die Drosten von Nienburg und Hoya sowie der Rittmeister von Petersdorff und ein inzwischen in Nienburg eingetroffener Kapitän namens Meretig in Balge zur Lagebesprechung. Da der nienburger Drost auch für das Amt Neu-Bruchhausen zuständig war, hätten die Hoyaer im Wege der Amtshilfe beschlossen, den Landkapitän Precht dorthin zu schicken, der mit etwa zwanzig *„Personen aus dem Amt"* Wache halten und Einquartierungen verhindern solle.

In Nienburg kamen ausweislich eines Schreibens vom 6. Januar 1623 bereits an diesem Tage fünfzig Soldaten aus Celle an. Diese hatten zwar ihre Gewehre aber leider keine Munition dabei. Auf der nienburger Festung fehlten zudem zehn Zentner Lunten, zweihundert „Handtgranaten" und dreißig bis vierzig *„Granaten"* zu acht Zoll für das Geschütz. Der nienburger Drost, der diesen Befund mitteilte,

gab an, nicht zu wissen, wo er vor allem die zuletzt genannten Granaten beziehen könne.[69]
Am 7. Januar 1623 meldete Rittmeister von Petersdorff (zusammen mit dem Drost Levin von Hodenberg) von Hoya aus nach Celle, dass er im Amt Neu-Bruchhausen jetzt den Trupp von 80 Reitern und 80 Dragonern *„samt ihren Weibern und Kindern"* unter dem Kommando des Rittmeisters Hermann Nolte festgestellt habe. Petersdorff sei (von Hoya aus) sofort dorthin gereist, um dieses *„fremde Volk"* zum Abzug aus dem zum Fürstentum Lüneburg-Celle gehörenden Amt aufzufordern. Bei seiner Ankunft fand er aber nur noch einen Fähnrich mit einer kleinen Nachhut vor. Die Abteilung des Rittmeisters Nolte war bereits mit unbekanntem Ziel weiter gezogen. Der Fähnrich entschuldigte sich bei Petersdorff. Er habe persönlich zu dieser Art von Kriegführung auch keine Lust, ihm sein aber nun einmal dieser Ort vorläufig anbefohlen worden. Rittmeister von Petersdorff hat daraufhin einen „Einspänner" namens Franz Nolthe und einen Hausdiener als Wache in Neu-Bruchhausen stationiert. Alt-Bruchhausen wurde von ihm mit „Bürgern und Hausleuten" als Wache besetzt. Dem *„Capitän"* in Hoya warb er zudem zwei *„Scarhianten"* und einen „Trommelschläger"

---

[69] NLA HA Celle Br. 11, Nr. 31/I, Blatt 167.

für 6 bzw. 3 Taler monatlich an, da man deren Dienste bei Auf- und Abzug der in Hoya bereits eingerichteten Wache dringend benötige.[70]
Erst nach Mitte Januar sind (wohl im Vorgriff auf den offiziellen Beschluss des Kreistages zur Aufstellung einer eigenen Armee, der erst vom Februar des Jahres datiert) dann nach und nach bis zu siebenhundert Mann cellesche Truppen, darunter ein „Cornet" Reiter sowie Infanterie unter den Kapitänen Meretig, Feuerschütz und Nagel zur Ablösung bzw. Unterstützung des zunächst alarmierten Landvolk-Ausschusses nach Hoya entsandt worden. Notiert hatte diese Truppenverlegung der in Hoya auf dem Bakelberg wohnende Kaufmann und Kirchenvorsteher (Jurat) Eilhardt Freese in seiner Hausbibel.[71]
Die Hauptleute der Infanterie, nach älterer Diktion als „Kapitäne" bezeichnet, dürften Kompanien in Stärke von ein- bis zweihundert Soldaten geführt haben. So wird ein Jobst von Weihe im Jahre 1623 von der herzoglichen

---

[70] Wo er diese „Sergeanten" und den Trommler gefunden hat, wird leider nicht mitgeteilt: NLA HA Celle Br. 11, Nr. 31/II, Blatt 8.

[71] A. Eschen, Das Fresesche Familienbuch, in: Archiv des Vereins für Geschichte und Altertümer der Herzogtümer Bremen und Verden, Band 2, 1864, S. 32 ff.

Kanzlei auch schon nicht (mehr) als „Capitain" sondern als „Haubtman" vermerkt, der allerdings noch ein „Fähnlein" (anstelle der moderneren Bezeichnung „Kompanie") von 200 Mann führen sollte.[72]

Das von Frese in seiner Bibel genannte „Cornet" wäre, da „der Kornett" auch als Fähnrich zu übersetzen ist (und „das Fähnlein" als ältere Bezeichnung der Kompanie), wohl mit einer Kompanie der Kavallerie (in späteren Zeiten „Eskadron" genannt) von etwa einhundert Reitern unter Führung eines Rittmeisters gleichzusetzen. Der Rittmeister ist dem Dienstrang nach dem Hauptmann oder Kapitän der Infanterie gleichgestellt. Der nach Hoya entsandte Rittmeister Hans von Petersdorff wurde zwar erst Anfang 1623 in Celle offiziell *„als Rittmeister über einhundert Pferde Harkebusier"* durch den dortigen Herzog bestellt,[73] war aber ja bereits Ende November 1622, allerdings zunächst ohne sein „Cornet", nach Hoya in Marsch gesetzt worden.

Wann genau die Bürger des hoyaer Ausschusses von den genannten siebenhundert Soldaten verstärkt wurden, ist in den Akten ebenso wenig vermerkt, wie die Antwort darauf, ob die Truppe nun auch eine Geschützbedienung

---

[72] NLA HA Celle Br. 10, Nr. 85.

[73] NLA HA Celle Br. 10, Nr. 85.

mitbrachte. Dem weiteren Schriftverkehr[74] ist aber zu entnehmen, dass die Hoyaer mit dieser frühen Entsendung von Soldaten zum Schutz gegen eine drohende Besetzung des Fleckens (und aus Sicht des Celler Herzogs vor allem zur Abwehr eventueller Übergriffe auf das östlich der Weser liegende Kernland des Herzogtums) zufrieden waren. Als nämlich die Armee des Tollen Christian (und diejenige des Grafen von Mansfeld) den Flecken Hoya „damals" – so schreiben die hoyaer Bürger 1624 nach Celle - bedroht hätten, habe das vom Herzog aus Celle nach Hoya entsandte Fähnlein Soldaten den Ort *„nicht allein vor aller anrennenden Gewalt verteidigt, sondern dadurch auch zu unauslöslichen Nachruhm euer fürstlichen Gnaden"* gesorgt. Die Bürger Hoyas baten daher später um die (erneute) Entsendung eines „Fähnleins" von einhundert „Freien" (Soldaten).

Am 9. Januar meldete Rittmeister von Peterdsorff nach Celle, dass er ja dazu da sei, mit seinen Reitern und Soldaten die Ämter Hoya, Alt- und Neu-Bruchhausen zu schützen und dort Quartier zu nehmen. Er wiederholte, dass er den „Einspänner" Fritz Nolthe nach Neu-Bruchhausen geschickt habe, um für seine Soldaten (das Cornet Reiter), die jetzt offenbar

---

[74] NLA HA Celle Br. 11 Nr. 95.

im Anmarsch nach Hoya begriffen waren, Vorbereitungen zu treffen. Um sicherzustellen, dass sie den Ausschuss in Neu-Bruchhausen bei ihrer Ankunft unverzüglich unterstützen könnten, sollte also ein Quartier vorbereitet werden. Zudem suche er auch *„bei allen in der Nähe Anwesenden, hohen oder niedrigen Standes, Kriegsoffiziere und Befehlshaber, sie kommen von wem sie wollen"*.

Jedenfalls waren am 13. Januar 1623 offenbar noch keine Verstärkungen eingetroffen, da Hoya an diesem Tage meldete, dass (erst) jetzt alle eigenen „Päse" nottdürftig mit „dem Landvolk" besetzt seien. Celle befahl daraufhin, sobald die Verstärkung da seien, auch Neu- und Alt-Bruchhausen zu besetzen.

4. Bruchhausen geht verloren

Noch bevor Petersdorffs Unterstützungsversuch für Neu-Bruchhausen angelaufen war, war es dafür aber bereits zu spät. Am 14. Januar teilten von Weyhe und von Petersdorff mit, dass Neu-Bruchhausen nun leider, trotz der aufgestellten Ausschuss-Wachen, doch verloren gegangen sei. Mansfeldsche Truppen des Oberst von Dorth hätten sich dort einlogiert. Ein Oberstleutnant namens Calenbach[75] habe vor Ort das Kommando. Der nienburger Drost reiste sogleich an, stellte ihn zur Rede und verbat sich jegliche Einnahme des Fleckens und des „Hauses". Oberstleutnant Calenbach versuchte zu beschwichtigen. Er sei nur übergangsweise vor Ort, da Mansfeld bald nach Ostfriesland abrücken wolle. Man müsse nur noch die Truppenwerbung im Amt Liebenau abwarten. Er werde auch auf strikte Disziplin achten. Das „Haus" selbst, auf dem jetzt Landkapitän Precht mit den Ausschussleuten lag, wolle er auch nicht besetzen.

Der Drost war mit dem Ergebnis der Unterredung offenbar wenig zufrieden, konnte aber seinem Herzog letztlich nur empfehlen, abzuwarten und zur Verhütung weiterer Schäden wenigstens Alt-Bruchhausen zu verstärken. Petersdorff habe deshalb sogleich achtzig von den soeben in Hoya angelangten Soldaten dorthin geschickt. Der Drost teilte endlich noch mit, dass von den armen Leuten in Neu-Bruchhausen schon Klagen kämen. Mit *„ihren armen Weibern und Frauenspersonen würde leider*

---

[75] Calenbach (Kalenbergk, Collenbach) sei 1631 als Oberst in schwedischen Diensten in der Schlacht von Breitenfeld gefallen, vgl. www.30jaehrigerkrieg.de/calenbach; in: Warlich, Der Dreißigjährige Krieg in Selbstzeugnissen, Chroniken und Berichten.

übel gehaust und es würden Schatzungen mit Schlägen abgerungen".

Unter dem 17. Januar konnte Hoya dazu Einzelheiten mitteilen. Ein wachhabender Bürger in Neu-Bruchhausen sei totgeschlagen worden, als er sich bei Ankunft der fremden Truppe geweigert habe, den Schlagbaum zu öffnen. In Menninghausen hätten Soldaten den Meier Reineke Hartke tödlich verwundet, als dieser eines seiner Pferde nicht widerstandlos hergeben wollte.[76] Oberstleutnant Calenbach entschuldigte sich anschließend für die Zwischenfälle und versprach eine genaue Untersuchung und Bestrafung der Täter.[77]

Am 19. Januar spitzte sich die Lage weiter zu, als bekannt wurde, dass auch große Truppenteile des Tollen Christian in Bassum aufgebrochen seien, um nach Bruchhausen oder Thedinghausen zu ziehen. Diese Abteilung hätte zwei große Geschütze bei sich, die jeweils von 18 Pferden gezogen werden müssten. Die Geschütze seien allerdings so schwer, dass sie bei Überfahren einer Brücke eingebrochen seien und nun die Truppenbewegungen hemmten. Falls diese Armee aber nach Bruchhausen ziehen sollte, würde man „das Haus" wohl „ac-

---

[76] NLA HA Celle Br. 11, Nr. 31/II, Blatt 29.

[77] Wie vor, Blatt 29 bis 35.

cordieren" müssen.[78] Celle befahl daraufhin den Beamten in Hoya, für diesen Fall aber wenigstens „das Haus" Hoya bis auf das „äußerste" zu verteidigen und zu diesem Zweck notfalls auch die Weserbrücke „abzuwerfen".

Als der Kreisgeneral Herzog Georg am 21. Januar in Hoya eintraf, war die Brücke soeben abgeworfen worden. Georg war damit aber wenig glücklich und teilte mit, dass man solches doch zunächst besser unterlassen hätte. Im Übrigen wäre der Drost mit Rittmeister von Petersdorff bei seiner Ankunft bereits abgereist, um den Tollen Christian, der sich noch in Diepholz aufhalten solle, persönlich aufzusuchen.

Nachdem auch der nienburger Drost von der neuen Bedrohung Kenntnis erlangt hatte, fragte er noch am 22. Januar in Celle an, ob man von dort aus nicht den Drosten zu Hoya (den Schwiegervater des nienburger Drosten) instruieren möge, ihm zur Sicherung des Amtes Alt-Bruchhausen noch weitere Truppen abzugeben, da Hoya selbst ja durch den dort eingetroffenen „Steinschen Ausschuss" und die Kompanie „Rating" nun mehr als ausreichend gesichert sei. Offenbar kam diese Anfrage aber

---

[78] NLA HA Celle Br. 11, Nr. 31/I, Blatt 179 bis 193 und Nr. 31/II, Blatt 39 (Die Akkordierung ist als ehrenvolle Übergabe zu verstehen).

ebenfalls zu spät: Mit flüchtigem Schreiben vom selben 22. Januar teilte der hoyaer Amtmann mit, dass er soeben zuverlässige Nachricht erhalten habe, wonach die ganze Armee des Tollen Christian, anstatt nach Thedinghausen zu ziehen, nun doch in Alt-Bruchhausen und mit ihren Spitzen sogar schon in Bücken eingefallen sei. Auch Hoya sei angesichts dieser Truppenmassierung nun unmittelbar bedroht. *„Gott mit uns"*, beendete er seine Mitteilung.

Am selben Tage berichtete er in einem zweiten Schreiben, dass nun auch die beiden großen Kanonen des Tollen Christian bereits in Bücken in Stellung gegangen seien.

Der Amtmann in Alt-Bruchhausen meldete zeitgleich, dass der Tolle Christian höchstpersönlich - mit zwanzig „Granden" und einem dänischen Gesandten - bei ihm abgestiegen sei. Er habe 18 Kompanien zu Roß und zu Fuß mitgebracht, insgesamt 4500 Mann: *„Möge der liebe Gott wissen, womit sie alle gespeist werden sollen."*

Unklar bleibt, was aus den achtzig bereits am 14. Januar von Hoya nach Bruchhausen in Marsch gesetzten Soldaten geworden ist. Wahrscheinlich werden sie sich angesichts der fremden Übermacht nach Hoya zurückgezogen haben.

Der hoyaer Drost versuchte unterdessen einen unmittelbaren Kontakt zum gegnerischen Armeeoberkommando herzustellen. Am 23. Januar teilte er Celle mit, dass ihm auf der Heimreise (von Diepholz kommend, wo er vergeblich nach dem Hauptquartier des bereits abgereisten Heerführers Ausschau gehalten hatte) in Ehrenburg eine „gewaltige Streitmacht" von dreitausend Mann Reiterei des Tollen Christian begegnet sei, die in das Amt Alt-Bruchhausen ziehen wollte. In Bruchhausen empfing der Heerführer den Drosten und Rittmeister von Petersdorff dann auch persönlich bei einer Audienz. Christian teilte ihnen mit, dass er auf Befehl Mansfeld handele, um den spanischen Truppen der kaiserlichen Armee zuvor zu kommen, denn *„man müsste das Feuer, wann mans nötig, in der Asche suchen"*. Er versprach ihnen, die hiesigen Einwohner nicht mehr als nötig zu belästigen, zumal er ja ein Verwandter des Herzogs von Celle und dem Land daher freundlich gesinnt sei. Der Drost wies warnend darauf hin, dass der Flecken Hoya bereits zum Teil mit Kreistruppen belegt und weitere Verstärkung avisiert sei. Die Weserlinie sei also gesperrt. Dennoch fragte er pflichtgemäß nach, ob die Truppe Christians Befehl habe, die Weser zu überqueren. Christian verneinte solche Absichten selbstverständlich.

Bereits auf seiner Rückreise nach Hoya wurde dem Drosten aber vom Hofmeyer des amtseigenen Gutshofes „Vorwerk Memersen" (heute „Domäne" Memsen in Hoyerhagen) gemeldet, dass dieser soeben erst von fremden Soldaten heimgesucht worden wäre, die ihm unter Androhung von Gewalt Geld abgepresst hätten. Levin von Hodenberg teilte seiner Regierung daher mit, dass des Tollen Christians Truppen bereits, trotz aller gegenteiliger Beteuerungen, damit begonnen hätten Geld, Pferde und Vieh zu rauben. Um weiteren Schaden abzuwenden habe er sogleich dreißig Mann vom „winsischen Ausschuss" als Wache auf das Vorwerk Memsen gelegt.

5. Das Amt Hoya wird besetzt

Als der Drost dann (am Vorabend seines Berichts[79], also am 22. Januar) gegen Abend wieder in Hoya anlangte, war der zur Kreisarmee gehörende cellesche Kapitän Meretig (auch

---

[79] NLA HA Celle Br. 11, Nr. 31/II, Blatt 45 ff.

„Marretich" oder „Meerettig" geschrieben)[80] bereits in Hoya angekommen. Meretig sei am Vortage (tatsächlich aber wahrscheinlich bereits am 20. Januar) von Nienburg kommend eingetroffen und habe sogleich beschlossen, die „Freien", die bei seiner Ankunft bereits als Wachen auf „dem Steinweg" auf dem Westufer der Weser postiert waren (also der Ausschuss des Voigts von Burgwedel), komplett auf das Ostufer zu verlegen und aufgrund der aus dem Westen drohenden Gefahr weiter entschieden, die Brücke über die Weser – mit einigem Schaden wie der Drost in seinem Bericht anmerkte – „abzuwerfen".
Levin von Hodenberg habe also, als er in Hoya ankam (und wegen des starken Eisganges auch nicht per Boot über den Fluss setzen konnte), nicht auf das „Haus" gekonnt und die Nacht an dem Steinweg verbringen müssen. Die armen Leute auf dem Steinweg (als „Steinweg" wurde damals zwar auch der heu-

---

[80] Friedrich Meretig, stammt aus der Grafschaft Hoya (und wurde 1584 wahrscheinlich in Drakenburg geboren). Er verstarb, inzwischen als Oberst in lüneburgisch-schwedischen Diensten, am 13. Januar 1633 in Grimma, nachdem er am 26. Dezember 1632 bei Gefechten vor Zwickau von einer Musketenkugel getroffen worden war, vgl. www.30jaehrigerkrieg.de/meerettig; in: Warlich, Der Dreißigjährige Krieg in Selbstzeugnissen, Chroniken und Berichten.

tige „Hasseler Steinweg" bezeichnet, hier dürfte es sich angesichts der klaren Zuordnung zum Westufer aber um die heutige Lange Straße handeln), *„alda fast die meisten Leute dieses Fleckens wohnen"*, hätten sich angesichts des Rückzugs der eigenen Truppen auf das Ostufer der Weser ganz verraten gefühlt. Sie hätten sich bei dem Drosten über diesen Abzug ihrer Schutztruppe sehr beklagt, zumal auch bereits einzelne fremde Reiter und Soldaten am Steinweg gesichtet worden seien. Daher entschied der Drost, trotz der Gefahr eines dadurch eher wahrscheinlich werdenden bewaffneten Zusammenstoßes zwischen celleschen Truppen und denjenigen des Tollen Christian, die einhundert „Freien" zur notwendigen Wacht und zum Schutz der Einwohner tags darauf wieder auf das Westufer der Weser zu verlegen. In einem „Postscriptum" erwähnt Levin von Hodenberg sodann noch, dass just zur Stunde zwei weitere Kompanien zu Fuß, des zur Kreisarmee gehörenden Regiments des Grafen von Artlenburg, vor des Fleckens (östlichen) Schlagbäumen erschienen seien und um Einquartierung in Hoya nachsuchten. Man habe den Soldaten aber einen abschlägigen Bescheid geben müssen, da inzwischen bereits zwei Kompanien zu Fuß nebst einer Kompanie zu Pferde im Flecken lägen und weiterer Raum für Einquartierungen fehle.

Ebenfalls am 22. Januar, als der Amtmann gerade seinen (zweiten) Bericht abfasste, lagerten sich in Hoyerhagen die ersten 38 Reiter des Tollen Christian ein. Sie besetzten für die nächsten zwei Wochen das ganze Dorf und zogen erst am 5. Februar wieder ab. Diese und ihnen folgende Soldaten quartierten sich gewaltsam in den Höfen des Dorfes ein, nötigten die Bewohner sie zu verpflegen und stahlen auch noch zwei silberne Kelche aus der Kirche. Sie verzehrten Hühner und Schweine, Bier und Brot und verbrauchten Gerste und Hafer. Zudem versuchten sie Pferde, Geld und Vieh zu stehlen.

Der Hofbesitzer Dietrich Niemeyer etwa habe zehn Molt[81] Hafer, drei Molt Gerste, zwei Rinder, drei Schafe und vier Tonnen Bier im Wert von zusammen 50 Reichstalern eingebüßt. Andere Bauern gaben ähnliche Verluste an. Insgesamt hat Hoyerhagen danach einen Schaden von dreitausend Reichstalern erlitten. Ebenso erging es Bücken, Asendorf, Schwerin-

---

[81] Ein Molt oder „Malter" entspricht 175 Litern.

gen, Martfeld[82], Wechold und Eitzendorf. In Bücken und Schweringen seien kurze Zeit nach den Soldaten des „Rheingrafen" auch noch Truppen eines Oberst Claus Linstow eingerückt, dessen Abteilung zur Armee des Grafen Mansfeld gehört habe. Den größten Schaden verzeichneten Schweringen mit 5600[83] und Asendorf mit 5900 Talern. Eine detaillierte Aufstellung sämtlicher in dieser Zeit angerichteter Schäden ist erhalten geblieben.[84] Dort listete das Amt auf einhundert Seiten für jeden einzelnen Hof des Amtsgebietes penibel die verbrauchten Güter und ihren Schätzwert auf. Allein für den Flecken Bücken werden 118 Namen von Geschädigten genannt, wobei es am Ende heißt, dass die bücker Bürgermeister dem Obrist-Quartiermeister des „Rheingrafen" noch zusätzlich 18 Taler „verehret" hätten, damit dieser *jegliches Volk an andere Orte*

---

[82] Hier habe sich ein Kapitain Moritz von Sangerhausen mit einem Fähnlein Fußvolk ab dem 24. Januar für acht Tage eingelagert. Nach seinem Abzug sei dann ein „Volk mit Wagen, Pferden und Weibern" nochmals für eine Nacht in Martfeld eingefallen, NLA HA Celle Br. 82/I, Blatt 12.

[83] Schweringen, a.a.O., S. 88 geht (unter Nutzung derselben Quelle) allerdings nur von 550 Taler aus.

[84] NLA HA Celle Br. 82/I.

legt." Der Gesamtschaden im Amt habe sich demnach auf 26.000 Taler belaufen. Immerhin hat es anlässlich dieses „Einfalls" aber, wie ein Abschlussbericht vom 13. März 1623 ergibt, weder Mord noch Totschlag gegeben.

Da der Flecken Hoya und die Orte Hassel und Eystrup in der Schadensliste nicht aufgeführt werden, ist wohl davon auszugehen, dass diese Orte, dank der die Weserübergänge bewachenden Kreistruppen, von diesen Einquartierungen verschont blieben.

In Bücken wurde auch die fürstliche Dekanei von zunächst acht Soldaten in Beschlag genommen. Bereits unter dem 23. Januar beschwerte sich die Witwe des Franz Otto von der Wense deswegen in Celle (nachdem ihr in Hoya keine Hilfe zu Teil wurde) und bat um Anweisungen und Abhilfe. Sie befürchte, dass die Soldaten das ganze Vieh schlachten und großen Schaden verursachen würden. Celle teilte am 26. Januar knapp mit, dass sie selbst zusehen müsse, wie sie durch Verhandlungen größere Schäden verhindern könne.[85]

Ebenfalls am 23. Januar meldete Kapitän Meretig aus Hoya an Celle. Er rechtfertigte das „Abwerfen" der Brücke damit, dass schließlich

---

[85] NLA HA Celle Br. 11, Nr. 31/II, Blatt 55 bis 57. Hier könnte ein Verwandtschaftsverhältnis zum späteren celleschen Großvoigt Georg von der Wense, damals wohl noch Amtmann in Fallersleben, bestehen.

ein entsprechender schriftlicher Befehl aus Celle vorgelegen habe. Sobald er dann gehört hatte, dass auch Bücken besetzt worden sei, wäre er nach Hoya geeilt und habe wegen der Gefahr im Verzug sofort den Abbruch der Brücke befohlen. Ferner bat er um Weisung, was er mit zwei Gefangenen machen solle. Seine Wache habe in der Nacht in Hoya zwei mansfeldsche Soldaten, die mit einem Wagen voller Raubgut unterwegs waren, verhaftet. Beide verwahre er nun auf dem Schloss, wisse aber nicht, was er mit ihnen anstellen solle.
Am 24. Januar wies Celle die Beamten in Nienburg und Hoya an, sich stärker verproviantieren zu wollen. Das dazu notwendige Geld, für Lebensmittel und Pulver, würde kurzfristig geliefert werden. Man möge dann, aber bitte auf der östlichen Weserseite, nach Bremen schicken, um dort Einkäufe zu tätigen. Allerdings solle man eiligst handeln, da die Vorratslage in Bremen aufgrund des um sich greifenden Krieges und der daraus resultierenden hohen Nachfrage schwierig werde.
Am 27. Januar hielt sich Kreisgeneral Herzog Georg erneut in Hoya auf und berichtete von dort nach Celle. Seine Armee habe Hoya (*„den Paß Hoya"*) nun ausreichend mit Truppen besetzt. Da Meldungen vorlägen, wonach der Tolle Christian in den nächsten Tagen in Richtung auf Hoya angreifen werde, habe er in der

letzten Nacht von Nienburg aus auch noch zwei eigene „*grobe Geschütze*" nebst zugehöriger Munition hier in Stellung bringen lassen.[86] Hoya harrte jetzt also eines jederzeit losbrechenden Angriffs auf die Weser und das Schloss, während man tatenlos zusehen musste, wie die zahlenmäßig weit überlegenen Armeen Mansfeld und des Tollen Christian die Dörfer des westlich der Weser liegenden Amtsgebiets ausplünderten.

Weitere vier Tage später meldeten Drost und Amtmann erneut nach Celle. In Hoya sei bislang alles ruhig geblieben. Der von ihnen unternommene Versuch, weitere Munition aufzutreiben, sei aber leider gescheitert. Man habe zwar sofort einen Knecht mit einem Wagen nach Bremen geschickt, um weisungsgemäß bei dem dort ansässigen *„ehrenwerten fürstlicher Gnaden Factor"* namens Victoris Bartuch zwei Tonnen Pulver für das grobe Geschütz und vier Tonnen Pulver für „Musqueten" abzuholen. Allein der Factor habe nicht liefern können oder nicht liefern wollen. Man wisse es nicht. Zugleich teilten sie mit, dass nun aber eine erleichternde Nachricht aus Bücken vorliege, wonach die dort stationierten schweren Geschütze des Tollen Christian wieder nach Alt-Bruchhausen zurückgezogen worden sei-

---

[86] NLA HA Celle Br. 11, Nr. 31/II, Blatt 57 ff.

en. Der Bericht schloss sodann mit den Worten: *„Zu was Ende aber solches geschehen, könne man nicht wissen".*
Der Bremer Kaufmann Bartuch bat Ende Januar in Hoya schriftlich um Entschuldigung. Er habe sich nach Kräften bemüht, den ihm erteilten Auftrag zu erfüllen, aber in ganz Bremen sei momentan einfach kein Pulver mehr aufzutreiben.
Am 1. Februar liefen in Hoya weitere Meldungen ein, wonach die Besatzer nun offenbar mit einem weiteren Truppenabzug aus Bücken – angeblich in Richtung Süden - begonnen hätten. Jedenfalls würden die Soldaten packen und sich marschbereit machen. Unklar sei aber noch, ob es sich wirklich um einen Abzug oder nicht vielmehr um Angriffsvorbereitungen handeln würde. Da die Weser inzwischen ganz zugefroren und das Eis selbst für Pferde passierbar sei, habe man in Hoya Bedenken, ob nicht doch noch eine Überquerung des zugefrorenen Fluss erfolgen wird. Deshalb würden die eigenen Reiter und das Landvolk nun am gesamten Weserufer Wache halten, um jeglichen Überquerungsversuch sofort zurückschlagen zu können.
Am 4. Februar entspannte sich die Lage dann weiter. In Bücken wäre die Masse der fremden Soldaten jetzt tatsächlich abgerückt. Es seien aber noch Nachhuten zurückgeblieben, von

denen man weitere Plünderungen befürchte. Daher sei Kapitän Meretig soeben mit zwanzig Musketieren - quasi als Spähtrupp - mit dem Ziel der Aufrechterhaltung der Ordnung dorthin abgeschickt worden. Ferner teilte man nach Celle mit, dass zeitgleich eine Erklärung sämtlicher Rittmeister des „eibrachtischen" Regiments in Hoya eingegangen sei. Die Offiziere bedauerten darin den Raub in der Kirche von Hoyerhagen. Nach Bekanntwerden dieser „Untat" hätten sie sofort für eine Wache vor der Kirche gesorgt. Zudem seien sie stets um größte Disziplin besorgt gewesen.
Unter dem 12. Februar baten die Beamten in Hoya darum, den im Flecken liegenden einhundert „Freien" einen anderen Befehlshaber vorzusetzen. Der aus Burgwedel mitgeschickte Fähnrich und seine beiden Unteroffiziere bekämen die Truppe, die sich jetzt, nachdem die Gefahr eines Angriffs gewichen sei, wohl etwas langweile und *„allerlei Mutwillen begehe"*, nicht recht in den Griff. Es fehle am nötigen Gehorsam. Deshalb wolle man den verdienten Landkapitän Dietrich Precht, der mit seinem Landvolk gerade nicht sonderlich beschäftigt sei, den „Freien" gerne als Kommandanten vorsetzen und dazu Genehmigung einholen.[87] Celle teilte mit, dass man die Anfrage an den

---

[87] NLA HA Celle Br. 11, Nr. 31/II, Blatt 142.

Rittmeister von Petersdorff weitergeleitet habe. Der solle den Freien entweder Kapitän Precht oder Hans Simers vorsetzen. Zudem solle „*ernstliche Justiz und Bestrafung der Täter*" gehalten werden.
Tatsächlich rückten die kaiserlichen Soldaten Mitte Februar ganz aus dem Amt Hoya ab. Zuvor versuchten sie sich aber noch zu bereichern. So erhielten mehrere Bürger Drohschreiben, wonach sie doch besser zehn Reichstaler an die abziehenden Soldaten zahlen sollten, andernfalls man vielleicht wegen Undankbarkeit geneigt sein könnte, noch ihre Höfe in Brand zu stecken.[88] Gezahlt wurde wohl nicht. Gebrannt hat es aber ausweislich der Berichte auch nicht. Stattdessen kehrte im Amt wieder Ruhe ein.
Unmittelbar nach seinem Abzug schlossen der Tolle Christian und sein Bruder, der in Wolfenbüttel regierende Herzog Friedrich-Ulrich, dann überraschenderweise einen Vertrag ab, wonach Christian mit seiner Armee für drei Monate in dessen Dienst trat, um den Niedersächsischen Reichskreis – dessen Rüstungsanstrengungen noch längst nicht abgeschlossen waren - sowohl gegen eventuelle Bedrängnisse durch kaiserlich-ligistische Truppen wie gegen

---

[88] Wie vor, Blatt 150 bis 155. Erhalten sind die Schreiben an Albert Suling und Heinrich Wilkens in Hoya.

die Armee Mansfelds zu verteidigen.[89] Damit war seine Armee nun selbst Teil der Kreistruppen geworden.

Der Flecken Hoya hat diese erste Phase des Krieges weitgehend unbeschadet überstanden, da die Kreisarmee gerade zur rechten Zeit hier eingerückt war und gegebenenfalls bestehende Ambitionen der gegenüberliegenden Heerführer zum Weserübergang hinderte. Der westlich gelegene Teil des Amtes wurde dagegen von Mansfelds und Christians Truppen zeitweilig besetzt und die Dörfer und Höfe in unterschiedlichem Ausmaß geplündert. In Thedinghausen nahm der tolle Christian sogar den ihm dort wohl Widerstand leistenden Amtmann gefangen, um ihn erst gegen ein Lösegeld von fünftausend Reichstalern wieder freizugeben. Der niedersächsische Kreistag verlangte unter Androhung von Gewalt zwar eine sofortige Freigabe des Amtmannes und den sofortigen Abzug sämtlicher fremder Truppen. Allein aufgrund der bis dahin nur in geringen Umfang aufgestellten Kreisarmee wäre ein solches Ansinnen wohl kaum durchsetzbar gewesen. Inwieweit es zur Jahreswende 1622/1623 an der Weserlinie überhaupt einmal zu regulären Kampfhandlungen gekommen ist, wird aus der Aktenlage nicht er-

---

[89] Opel, a.a.O., S. 414.

hellt; mangels entsprechender Nachrichten ist aber wohl anzunehmen, dass es in dieser Zeit nirgends zu Gefechten kam.
Die in Hoya zuletzt stationierten celler Truppen bestanden laut einer Meldung vom 20. Februar noch aus zwei Kompanien des „geworbenen" Volkes, den einhundert „Freien" und dem Cornet Reiter, in einer Gesamtstärke von fünfhundert Mann. Um eine eventuelle Wiederbesetzung durch die zunächst Richtung Süden abgezogenen fremden Truppen zu verhindern, bat man darum, die eigenen Einheiten zunächst in Hoya zu belassen. Die umliegenden Dörfer werde man aufgrund ihrer Weitläufigkeit damit aber kaum besetzen und sichern können. Das Landvolk in Bücken sei militärisch leider nicht mehr zu gebrauchen, weil die Männer durch Plünderungen alles „Gewehr" verloren hätten und (*„da die Leute dermaßen ausgezehrt seien, dass sie auch das liebe Brot nicht mehr haben"*) sich auch keine neuen Waffen anschaffen könnten. Zudem müssten sie jetzt, soweit sie denn noch über Pferde verfügten, dringend ihre Felder bestellen und hätten für Wachaufgaben also keine Zeit. Falls man einige von den „geworbenen" Soldaten in die Dörfer legen solle, bäte man um entsprechende Befehle.[90]

---

[90] NLA HA Celle Br. 11, Nr. 31/II, Blatt 164 f.

Während dann nach Freses Angaben die Kompanien Meretig und Feuerschütz nach Nienburg und Harzburg verlegten, blieben die Petersdorffschen Reiter und die Kompanie Nagel, trotz dieser vorübergehenden Entspannung der Lage, noch bis Ende September 1623 („Michaelistag") in Hoya. Die „Ausschüsser" aus Winsen wurden dagegen bereits am 15. Februar nach Hause beordert.[91] Damit war der Krieg aus hoyaer Sicht beendet und Friede konnte Einkehr halten.

6. Lüneburg-Cellesche Armeestruktur

Die ganze Armee des Fürstentums Lüneburg-Celle bestand noch im Jahre 1617 lediglich aus 50 Reitern und 200 Infanteristen.[92] Die Heeresstruktur war noch mittelalterlich geprägt. Jeder Ritter, die zumindest dem Namen nach noch verbreitet vorhanden waren, war gehalten, im Falle eines Reichskrieges ein bewaffnetes Aufgebot auf eigene Kosten zu stellen. Die *„pflichtigen Untertanen"* auf dem Lande (also in der Grafschaft Hoya die nicht adeligen Besit-

---

[91] NLA HA Celle Br. 11, Nr. 31/II, Blatt 160.

[92] Friedrich von der Decken, Herzog Georg von Braunschweig und Lüneburg: Beiträge zur Geschichte des dreißigjährigen Krieges, Band 1, Hannover 1833, S. 65 ff.

zer freier Höfe, die Meier und sonstigen Bauern sowie die Bürger der Flecken) stellten den Heerbann, der als Fußvolk diente. Im „Hoyaer Lagerbuch" von 1582 findet sich zu einem von allen „bürgerlichen Dienstpflichten" befreiten Herrn „Simon Simons in der Helle" (in Hoya) der Eintrag: „(Er) *Sagt, er müsse keinen Schatz oder Bürgerwerk geben, auch dem Haus keinen Dienst, allein wenn es nötig, habe er wie seine Vorfahren mit einem reisigen Pferd davon gedient und den Ritterdienst geleistet.*"[93] Mit dem „reisigen Pferd" war wohl nichts anderes als ein „Schlachtross" gemeint.

Noch im Jahre 1615 wurde zwar der für den Landadel verpflichtende „Roßdienst" aufgeboten. Inhaltlich ging es aber lediglich um eine Sondersteuer. So teilten die hoyaer Brüder Johann und Albrecht von Staffhorst am 19. September 1615 mit, dass sie die ihnen von dem fürstlich lüneburgischen Landrat und Drosten zu Hoya, Levin von Hodenberg, anbefohlenen Roßdienst-Gelder eingeschickt hätten.[94]

Offenbar wurde mit Beginn der kriegerischen Auseinandersetzungen aber der Heerbann lediglich noch zum Objektschutz von Burgen und Schlössern verwendet, während für das Feldheer nunmehr die Anwerbung von Be-

---

[93] NLA HA Hann 74 Hoya, Nr. 3/I, Blatt 105.

[94] NLA HA Celle Br. 46, Nr. 217/II.

rufssoldaten („Landsknechte") als Söldner-Truppe mittels Geldzahlungen im Vordergrund stand. Die älteste besoldete Truppe dieser Art stellte im hiesigen Raum die Schlosswache in Celle dar, die im Jahre 1592 mit einer monatlichen Besoldung von fünf Talern aufgestellt wurde.[95] Bereits bei einer vom Fürstentum Braunschweig-Wolfenbüttel 1599 verfügten Mobilmachung (gegen erneut sich aus Westen nähernde spanische Truppen) sollte das Aufgebot aus Adel und Landsassen *„die Päße an, auf und über dem Weserstrome"* nur solange verteidigen, bis die *„beworbenen Reiter und Knechte"*, also eine ad hoc aufzustellende Armee aus Berufssoldaten, die Verteidigung übernehmen würde.[96]

Am 28. August 1620 erschien dann eine gedruckte Verordnung des Herzogs Christian zu Celle, die deutlich macht, was die Regierung bezüglich der bevorstehenden kriegerischen Ereignisse offenbar bereits zutreffend erahnte: *„Ob wir uns gute Hoffnung gemacht, es würden sich die Sachen im Heiligen Römischen Reiche ruhiger angelassen haben (…) so bezeugt doch leider die Erfahrungen mehr als gut ist, das es je länger je gefährlicher wird (…) an (…) Durchzügen und Einlagerungen, kein Mensch (…) darunter ver-*

---

[95] Decken, a.a.O., S. 69.

[96] Hodenberg, a.a.O., Urkunde Nr. 1722.

schonet, sondern dermassen übel gehauset wird, das es zu erbarmen und zu beclagen steht."
Demgemäß teilte der Herzog seinem Volke mit, dass die kommende Not, neben der Verteidigung mit *„geworbenem Volk"*, auch den Heerbann benötige. Er befahl *„der Ritterschaft und dem Ausschuß des Landvolkes"* den bestehenden Lehenspflichten nachzukommen und mit drei guten Knechten, Pferden, Pistolen und Seitengewehr zur Besichtigung zu erscheinen.[97] So fand zwar im Rahmen einer damit einhergehenden Heeresmodernisierung ab dem 3. Oktober 1620 in Winsen/Aller auch tatsächlich eine mehrtägige Musterung statt, auf welcher die gesamte Ritterschaft (so sie nicht eine Ablösung der Pflicht gegen Geldzahlung bevorzugte) und die *„Landsassen"* geladen waren. Unklar bleibt aber, welche Armeegröße und vor allem welche Schlagkraft sich aus dieser Heerschau ergab. Jedenfalls erreichte diese Truppe nicht annähernd eine der Summe aller Dienstpflichtigen entsprechenden Zahl.
Im Zuge einer Reformierung dieser Heeresstruktur erschien kurzfristig eine neue Verordnung des Herzogs von Celle, nach welcher aus der ganzen Zahl der zum Heerbann gehörenden diensttüchtigen Mannschaft (und aus

---

[97] NLA HA Celle Br. 46, Nr. 217/II.

den Städten) jeder zehnte Mann zum sogenannten „Ausschuß" gesetzt werden sollte. Solche wohl ebenfalls eher zum Objektschutz als zur Feldschlacht geeigneten „Ausschusskompanien" (in einer Stärke von bis zu zweihundert Mann) sollten „fleißig zum Excercieren herangezogen" und die Offiziere aus dem Landadel gewählt werden.[98]
Ein Beispiel der ungenügenden Kampfkraft eines solchen Ausschussaufgebots[99] findet sich bereits beim im hiesigen Raum einsetzenden Kriegsbeginn Ende 1622. Der Amtmann von Neu-Bruchhausen, Dietrich Precht, teilte bereits am 30. November 1622 (also sieben Tage nach der Landung der Engländer in Stolzenau und zwei Monate bevor der Tolle Christian persönlich in Bruchhausen erschien) „dem Rittmeister" in Hoya mit, dass „etzliche" Truppen fremden Kriegsvolkes aus dem Gebiet des Amtes Syke kommend, wo sie großen Schaden verursacht hätten, mit unbekannten Ziel durch Neu-Bruchhausen gezogen wären.[100] Zuvor hätten sie Heiligenfelde geplündert und den dortige Pastor sowie einige Hausleute gefan-

---

[98] Decken, a.a.O., S. 80.

[99] Schweringen, a.a.O., S. 88, geht gleichfalls von einem „geringem Wert" des Ausschusses aus.

[100] NLA HA Celle Br. 11, Nr. 31/II.

gen genommen. Der Syker „Ausschuss" habe noch versucht, die fremden Soldaten aufzuhalten. Diese hätten den Ausschuss aber *„übel geschlagen, ihnen ihr Gewehr genommen, auch etzliche nackend ausgezogen."*
Bei den genannten „fremden Truppen" hat es sich wahrscheinlich auch um Teile des Regiments des Obersts von Dorth gehandelt. Der knappe Bericht des Amtmanns verdeutlicht, dass der aus bürgerlichen Zivilisten bestehende und kurzfristig zusammengerufene „Ausschuss" – zumindest in offenem Gefecht - gegen Berufssoldaten wenig auszurichten vermochte. Die Söldner dürfte dieser Widerstandsversuch der Bürger denn auch eher belustigt haben, weshalb sie die von ihnen schnell überwältigten Syker wohl „nackig" (im allerdings in diesem Jahr außergewöhnlich kalten November) wieder nach Hause schickten. Bei den in diesem Bericht genannten „Gewehren" des Ausschusses wird es sich zudem nicht unbedingt um Feuerwaffen (zumeist als Musketen oder Büchsen bezeichnet), sondern vielfach auch um „sonstiges Gewehr", worunter Äxte, Forken und (Helle-)Barden etc. zu verstehen sind (so in der Akte NLA HA Celle Br. 72, Nr. 623 ausdrücklich als „Gewehr" aufgeführt), gehandelt haben.

Diesen bereits im November 1622 erfolgten „Einfall" fremder Truppen in Heiligenfelde und Neu-Bruchhausen notierte auch der hoyaer Kaufmann Freese in seiner Bibel. Ein Herr „van Dortt", bei dem es sich um einen Halberstädter gehandelt habe (der Tolle Christian war ja selbst Bischof und damit Regent in Halberstadt, so dass dieser Verdacht zumindest nahe lag), sei im November 1622 durch das Fürstbistum Verden gezogen, habe bei Ritzenbergen die Weser überquert und in den Ämtern Syke und Neu-Bruchhausen großen Schaden „mit Raub und Nehmen" getan.[101] Dabei wird es sich also auch um eine Abteilung desjenigen Regiments, dessen Quartiermeister Ende November 1622 in Hoya um Durchzug nachfragte, gehandelt haben.

Ein positiveres Beispiel der reinen Objektverteidigung durch eine „Ausschusstruppe" bietet die Bürgerwehr in Dörverden, die im Jahre 1625 (nach anderer Darstellung allerdings erst im Jahre 1626) einen Vorstoß eines kaiserlichen Spähtrupps erfolgreich abgewehrt habe.[102] Der Ort sei aber auch mit einem hohen (!) Graben und festen Schlagbäumen umgeben und die

---

[101] Eschen, a.a.O., S. 31.

[102] Ernst Hahn, Die Heimatgeschichte des Hoyaer Landes in zeitgeschichtlichen Bildern, Vilsen 1922, S. 23.

Einwohner zudem – inzwischen - ausreichend mit Feuerwaffen bewaffnet gewesen.[103]
Die weitere (Berufs-)Armeevermehrung des Niedersächsischen Reichskreises von 1623 ergab statt der beschlossenen 10.000 Soldaten am Ende allerdings nur 1.406 Kavalleristen und 4.181 Infanteristen, bestehend aus lüneburger, braunschweiger, halberstädter, holsteiner und lübecker Truppen. Anfang Mai 1623 trafen dann noch weitere dreihundert dänische (Dänische Truppen erscheinen hier zunächst im Rahmen der Kreisarmee an den Grenzen des niedersächsischen Reichskreises, da der dänische König Christian IV. gleichzeitig Herzog von Holstein und damit als Herzog Mitglied im niedersächsischen Reichskreis war) und fünfhundert Holsteiner Reiter bei der Kreisarmee des Herzogs Georg ein. Die Truppen der Kreisarmee wurden weiterhin (da auch nach dem „Überlaufen" des Tollen Christian nach wie vor noch ein Angriff zumindest der mansfeldschen oder der kaiserlichen Armee drohte) längs der Weser verteilt, wodurch

---

[103] Glaubenskämpfe im 30 jährigen Krieg. Einer alten Dörverdener Chronik nacherzählt, in: Der Inspektions-Bote, Monatsblatt für die Gemeinden des Hoyaer Landes, 1922-1924, S. 11.

die an die Weser grenzenden celleschen Ämter mit starker Einquartierung belegt wurden.[104] Gleichzeitig mahnte Celle bereits am 17. Januar 1623 seine „Praelaten, Räthe, Ritter, Städte und Untertanen" an, sich nicht in fremde Kriegsdienste zu begeben.[105] Beide Kriegsparteien hätten ihre Augen auf den löblichen niedersächsischen Kreis geworfen, die Grafschaften Diepholz und Hoya bereits ausgemergelt und zu befürchten stehe, dass sie sich auch des Weserstromes bemächtigen wollen. Der Herzog wisse, dass sich bereits viele adlige Untertanen bei diesen Kriegsexpeditionen beteiligten. Da sie es aber schuldig seien, das Herzogtum und ihr „geliebtes Vaterland" zu verteidigen, befehle er, das sich sämtliche Untertanen von solchen Unternehmungen lösen und statt dessen daheim bereit halten sollten, bis die eigenen Kriegsoffiziere sich bei ihnen meldeten. Zuwiderhandlungen zögen die höchste Ungnade und den Verlust aller Privilegien nach sich.

Deutlich wird aus den vorhandenen Quellen auch, das Hoya zu dieser Zeit offenbar nicht dauerhaft mit Soldaten belegt war. Nach der herzoglichen Verordnung von 1582 gab es in Hoya zwar den Burgvoigt, der auf „das Haus"

---

[104] Decken, a.a.O., S. 107 und 326.

[105] NLA HA Celle Br. 10, Nr. 72.

sonderlich gute Achtung geben und die Pforten auf- und zuschließen sollte. Besondere Aufgaben militärischer Art oblagen ihm aber offenbar nicht. Allein bei den Anordnungen für die Fußknechte wird wenigstens ein „Befehlighaber" auf dem „Haus" erwähnt, dem die Fußknechte jegliches Fehlverhalten der Hausleute anzuzeigen hatten. Wen dieser Befehlshaber aber eigentlich zu befehligen hatte, wird nicht mitgeteilt. Es wird auch nirgends eine besondere eigene Wachmannschaft (neben den oben beschriebenen Nachtwächtern und Pförtnern finden sich keine Burgmannen o.ä.) erwähnt. Allein im Hausbuch findet sich 1582 der Eintrag: „*Aufm Schloße haben, bey gräfl. und fürstl. Zeit, müßen Wächter seyn und allerbey diese verrichten.*"[106] Nach dem Bericht des Drosten Levin von Hodenberg vom 23. Januar 1623 lag ein Schutz des Fleckens in der jederzeit möglichen Demontage („Abwerfen") der Weserbrücke, dem Aufgebot des „Ausschusses" sowie in der Einquartierung von Berufssoldaten. Hoya hat, wie sich aus dem Bericht des Drosten vom 31. Dezember 1622 ergibt, bei Kriegsbeginn jedenfalls (auch wenn im weiteren Verlauf des Krieges Befestigungsanlagen wie Schanzen, Gräben und Palisaden in Hoya errichtet worden sind) nicht über Befestigun-

---

[106] NLA HA Hann. 74 Hoya, Nr. 2.

gen verfügt. In Stolzenau wurde dagegen bereits 1620 mit entsprechenden Befestigungsarbeiten begonnen.[107] Gegen eine dauerhafte Besatzung auf dem Schloss spricht schließlich auch, dass selbst im ungleich größeren Nienburg zunächst nur sechs Soldaten als Besatzung lagen und in Hoya auch niemand mit der Bedienung der Geschütze vertraut war, was von einer dauerhaften Besatzung aber wohl zu erwarten gewesen wäre.

Die niedersächsische Kreisarmee bestand Anfang 1623 aus elf Abteilungen Reiterei (zu je zwischen 100 und 150 Mann), von denen vier aus Celle, zwei aus Wolfenbüttel, eine aus Halberstadt, zwei aus Mecklenburg und zwei aus Holstein entsandt worden waren. Darunter sei auch eine Abteilung „Arkebusierreiter" aus Celle unter dem Kommando des Rittmeisters „Jansen" (oder „Hans") von Petersdorff gewesen, der, zunächst ohne seine Truppe, offenbar bereits Ende November 1622 in Hoya stationiert war (da der Amtmann in Neu-Bruchhausen bereits unter dem 30. November 1622 seine Meldung an „den Rittmeister" in Hoya richtete). Insgesamt habe der Kreis über 1.406 Reiter verfügen können. Ferner habe die Kreisarmee zunächst nur elf Kompanien In-

---

[107] Heinrich Gade, Geschichte des Fleckens Stolzenau, Nienburg 1871, S. 62.

fanterie (also nach späterer Betrachtung nur ein einziges Regiment) besessen. Die Kompanien verfügten jeweils über eine (genehmigte) Stärke zwischen 200 und 300 Mann. Sie stammten aus Celle (fünf Kompanien unter den Capitänen von Wurmb, von Uffeln, Friedrich Meretig, Friedrich Feuerschütz und Johann Nagel, deren letztere drei im Februar 1623 in Hoya zumindest zeitweise anwesend waren), Wolfenbüttel, Lübeck, Halberstadt und Holstein, wobei die Gesamtstärke 2775 Mann betragen habe.[108] Nicht genannt wird hier der „Landcapitän" Precht, der zum Jahreswechsel 1622/1623 auch bereits in Hoya anwesend war und dort feststellte, dass im ganzen Amt (neben ihm selbst) lediglich zwei geeignete „Reserveoffiziere" vorhanden seien. Die Truppenwerbung hat auf Seiten der Regierung in Celle aber bereits früher begonnen. So ist ein erstes Patent für den später in Hoya eingesetzten Rittmeister von Petersdorff zur Anwerbung von Reitern bereits aus dem Jahre 1620 bekannt.[109] Zudem wurde auch im weiteren Verlauf des Krieges immer wieder der „Ausschuss" zur Verstärkung der eigenen re-

---

[108] Otto Elster, Die Geschichte der stehenden Truppen im Herzogtum Braunschweig-Wolfenbüttel, Band 1, Leipzig 1899, S. 15.

[109] NLA HA Celle Br. 10, Nr. 68.

gulären Truppen herangezogen: Am 4. Dezember 1632 verfügte der Celler Herzog, dass die beiden „Capitäne" Gerd Dietrich Feuerschütz und Jobst von Weihe sich mit ihren Kompanien an den Orten, zu denen sie entsandt werden, mit „Landvolk so weit möglich" zu verstärken haben,[110] um gegen eventuelle Überfälle bestmöglich gewappnet zu sein. Und noch im Februar 1636 befahl Celle dem Voigt in Burgwedel sowie dem Amtmann in Winsen, sie mögen ihren Ausschuss für einige Zeit „mit gutem und tüchtigen Gewehr" einberufen. Der Ausschuss sollte in Gruppen von 40 bis 60 Mann – jeweils unter dem Kommando eines Gefreiten oder Sergeanten und vier bis sieben Musketieren aus der Celler Garnison – verschiedene Pässe über die Aller besetzen. Auch hier zeigt sich, dass der „Ausschuss" oder das „Landvolk" also durchaus, wenn auch nur zur Unterstützung der Berufssoldaten und einzig zur Objektsicherung, weiterhin zum Einsatz kam.

Die „regulären" Soldaten der celleschen Berufsarmee stammten sowohl aus der näheren wie ferneren Umgebung. So sind dort zwei Musterungslisten aus dem Sommer 1634 erhalten geblieben, nach denen gut drei Viertel der 130 für eine Kompanie genannten Männer aus

---

[110] NLA HA Celle Br. 10, Nr. 135.

dem Fürstentum Celle stammten (gelistet sind dort auch die drei Soldaten Heinrich Maneke, Frantz Kuhlemann und Dietmar Hoyer „von der Hoya"). Die übrigen sind als *„Auslender"* bezeichnet und stammen aus so „fernen" Gegenden wie Braunschweig, Hannover, Peine, Halberstadt, Magdeburg, Göttingen, Hessen, Bayern und Österreich.[111]

7. Besetzung durch Kaiserliche, Herbst 1623

Die seit Ende Februar 1623 im Amt Hoya eingekehrte Ruhe währte allerdings nur bis zum Herbst des Jahres.
Bereits im Juni 1623 war der Tolle Christian wieder aus den Diensten des niedersächsischen Kreises entlassen und nachdrücklich aufgefordert worden, Niedersachsen nun schleunigst zu verlassen. Daraufhin zog er mit seiner jetzt etwa zwanzigtausend Mann starken Armee in Richtung Westfalen ab. Die ihn erneut verfolgenden kaiserlich-ligistischen Truppen unter Graf Tilly konnten ihn im August 1623 in der Nähe der niederländischen Grenze stellen und in der Schlacht von Stadtlohn vernichten schlagen. Christians Armee löste sich danach vorübergehend auf. Mans-

---

[111] NLA HA Celle Br. 10, Nr. 135.

feld war, wohl um einer Entscheidungsschlacht mit Tilly zu entgehen, zeitgleich bis nach Ostfriesland abgezogen, um nun dort die Landesbewohner zum Unterhalt der Truppe zu nötigen.
Tilly verlangte nun aber vom niedersächsischen Reichskreis eine Räumung des Fürstbistums Minden von allen Kreistruppen (Bischof von Minden und damit Landesherr war zwar Herzog Christian in Celle, territorial gehörte das Fürstbistum aber nicht zum Niedersächsischen Reichskreis). Nach dem er keine Antwort erhalten hatte, rückten die kaiserlich-ligistischen Truppen am 6. Oktober 1623 nicht nur in Minden, sondern (wahrscheinlich bereits im September) auch in die westlich der Weser liegenden Gebiete der Grafschaft Hoya ein. Nachdem Tilly den Welfen in weiteren Verhandlungen zugesichert hatte, die Weser nicht in östlicher Richtung zu überqueren, wurde ihm der vorläufige Besitz des Fürstbistums Minden und der Grafschaften Hoya und Diepholz denn auch „freiwillig" eingeräumt.[112]
Dieses Vorgehen – die faktische Wegnahme des vom (protestantischen) Herzog Christian in Celle regierten Fürstbistums Minden durch kaiserliche Truppen, hätte eigentlich einen

---

[112] Decken, a.a.O., S. 118.

nachhaltigen Kriegsgrund (zumindest für das Fürstentum Lüneburg-Celle) dargestellt. Da die Niedersächsische Kreisarmee für das westfälische Fürstbistum Minden aber nicht „zuständig" war, und die schwachen celleschen Truppen alleine der kaiserlichen Armee nicht gewachsen waren (Tillys Armee wird 1623 gut dreißigtausend Mann, die zudem auch kriegserprobt waren, umfasst haben), war Celle schlicht genötigt, gute Miene zum bösen Spiel zu machen und Tillys Okkupation zu akzeptieren.

Die Weserübergänge selbst wurden vorsichtshalber noch im Oktober und November 1623 von lüneburgischen und mecklenburgischen Truppen des Reichskreises geschützt,[113] da man den Zusicherungen des Grafen Tilly – die Weser nicht zu überqueren - offensichtlich kein nachhaltiges Vertrauen entgegenbrachte. Der westliche Teil des Amtes Hoya wurde nun aber erneut, diesmal von kaiserlichen Soldaten, besetzt.

In der Akte NLA HA Celle Br. 11 Nr. 95 wird darauf verwiesen, dass in Hoya bereits seit September 1623 „Drangsal, Jammer und Elend" herrschten. Der „anholtische" (womit der Truppenführer der kaiserlich-ligistischen

---

[113] Opel, a.a.O., S. 571.

Armee, Feldmarschall[114] Graf von Bronckhorst zu Anholt, genannt „Graf Anholt", gemeint sein dürfte) habe, so schrieben die hoyaer Bürger 1624 nach Celle, im Ort eben von September 1623 bis Jahresende und dann nochmals bis zum Frühjahr 1624 logiert. Erst nach seinem unlängst erfolgten Abzug sei man von den *„Pressuren und Beschwerungen"* entledigt.

Von dieser Einquartierung kaiserlicher Truppen im Flecken Hoya erwähnt die mit Notizen versehene Bibel des Hoyaer Kaufmanns und Kirchenvorsteher Frese aber erstaunlicherweise nichts. Nach dessen Eintragungen folgte auf den Abzug der celleschen Truppen im Oktober 1623 erst einmal eine Zeit ohne Einquartierungen: *„Sein darnach umme Michely affgedancket undt waren also eine klene Zeidt allene in unsen Hüsern."* Er teilt mit, dass sich das „kaiserliche Volk" im Oktober 1623 zu Martfeld, Bücken, Vilsen und im Amt Bruchhausen *„in quartirt undt darnach de ganze graffschafft durch"* (besetzt) hat. Weiter führt er aus, dass *„als nu dat keyserliche Folck so na an dat Hus Hoya als zu Mehring, Hoyerhagen"* (kam) und um zu verhüten, dass den Bürgern zur Hoya keine „Überlast" geschehe, Kapitän Meretig wieder in

---

[114] Der Feldmarschall stand, anders als in modernen Armeen, im Dienstgrad unter dem „Generalissimus" und dem „Generalleutnant."

Hoya eingerückt sei (Meretig war ja bereits im Januar 1623 zum Schutz gegen Truppen des Tollen Christian in Hoya stationiert gewesen). Dieser Schilderung der Ereignisse lässt sich entnehmen, dass zwar das westlich der Weser gelegene Gebiet des Amtes Hoya, nicht aber der Flecken Hoya selbst besetzt waren.
Allerdings bleiben Freses Notizen vom zeitlichen Ablauf her vage. Zeitlich vor Meretig sei nach seinen Aufzeichnungen noch ein mecklenburgischer Kapitän namens Eilert von Bülow bis Weihnachten 1623 *„dagewesen"*, der *„danach"* in Bücken und schließlich in Alt-Bruchhausen einquartiert worden sei. Meretig selbst sei erst im Juli 1624 wieder mit seiner ganzen Kompanie „zur Hoya" gelegt worden.[115] Weshalb Frese, der auf dem Ostufer Hoyas am Bakelberg wohnte, die offenbar zwischenzeitlich erfolgte Besetzung Hoyas durch kaiserliche Truppen Ende 1623 unter Graf Anholt nicht erwähnt, bleibt unerfindlich. Wahrscheinlich haben die kaiserlichen Truppen in Hoya lediglich die Westseite der Weser, und damit nur einen Teil des Fleckens besetzt, während die (wieder aufgebaute) Brücke und die Ostseite in herzoglicher Hand blieben.

---

[115] Eschen, a.a.O., S. 33. Allerdings dürfte diese Zeitangabe unrichtig sein, da Meretig ausweislich der Aktenlage auch im April und Mai bereits in Hoya vor Ort war, NLA HA Celle br. 11, Nr. 68, Blatt 188 und 244.

Für diese Sicht der Geschehnisse spricht auch noch ein anderer Beleg: Im Mai 1624 ersuchten *„sämtliche Bürger des Steinwegs"* ihren Herzog um die Genehmigung zu einer „Translation". Sie wohnten zwar im Flecken Hoya (der heutigen Langen Straße), gehörten kirchenrechtlich aber bis dahin zum Kirchspiel Bücken. Nunmehr wollten sie aber gerne zur hoyaer Kirche wechseln, weil der weite Weg nach Bücken, gerade im Winter oder bei Hochwasser, beschwerlich sei und man seine Häuser ja mitten im Flecken Hoya stehen habe. Da auch der Amtmann und der Drost sich dafür aussprachen, gestattete der Herzog noch im selben Jahre den Kirchenwechsel, soweit die bücker Kirche dafür eine Entschädigung erhalte.

Im Folgenden blieb die Angelegenheit aber ungeklärt, da die Entschädigung wohl nie bezahlt worden war. Erst ab dem Jahre 1640 trat die Problematik wieder zu Tage und es ergab sich dann ein erbitterter Schriftwechsel zwischen den Juraten der Kirchen zu Bücken und Hoya. So gingen die Hoyaer in diesem Streit im Jahre 1640 davon aus, dass ein Hauptmann namens „Sankt Eloy" seine Einquartierung „1623 oder 1624" in dem Kirchspiel Bücken erlangt und seine Soldaten deswegen auch *„uff dem Steinweg in dem Flecken Hoya"* gelegt habe.[116] Auch die Bücker gingen in einem folgenden Schreiben von 1646 davon aus, dass im Jahre „1623 oder 1624" (offenbar war also schon zwanzig Jahre nach den Ereignissen keine genaue Datierung mehr möglich) dieser kaiserliche Hauptmann „St. Eloy" das Kirchspiel Bücken zur Einquartierung seiner Truppen zugewiesen bekommen und daher auch einige Soldaten in den Häusern auf dem Steinweg in Hoya untergebracht habe. Das habe aber dem damaligen Amtmann Riebe, der gerade sein eigenes Haus dort gebaut hatte, nicht gefallen, weswegen er erst die Idee von der Translation aufgebracht und den kaiserlichen Truppen zu verbieten versucht habe, dort Quartier zu nehmen. Im Gegenzug für diese Widerstände habe der Hauptmann St. Eloy dann verboten, die hoyaer Pesttoten auf dem Friedhof in Bücken zu beerdigen, weshalb sie ausnahmsweise in Hoya beigesetzt worden wären. Dennoch habe sich aber immer nur der bücker Pastor um die Leute auf dem Steinweg gekümmert, zumal der hoyaer Pastor damals, bei Ausbruch der Seuche, sofort geflüchtet sei.

Gegen diese Anschuldigungen wehrten sich die Hoyaer, die noch im selben Jahr 1646 richtig stellten, dass die Pesttoten nur deshalb in

---

[116] NLA HA Celle Br. 61a, Nr. 5126, Blatt 21.

Hoya beerdigt worden seien, weil für Bücken ansonsten eine Ansteckungsgefahr bestanden habe. Zudem habe sich ausschließlich der hoyaer Pastor um die Leute auf dem Steinweg gekümmert. Das große Kirchspiel Bücken bestehe außerdem aus 16 Dorfschaften, während in Hoya gerade noch 56 Feuerstätten vorhanden seien. Ferner wisse man doch, dass auch die Dorfschaft Stendern noch zu Lebzeiten der Grafen (also vor 1582) ohne jede Entschädigung vom Kirchspiel Eystrup nach Bücken transferiert worden sei.

Der Streit, der auch zu Schiedsgesprächen vor dem Amtmann und langen Schriftwechseln mit der fürstlichen Kanzlei in Celle führte, endete dann, nach vielem hin und her, erst nach Kriegsende mit einer Entschädigungsleistung für die Bücker, die in allen Schriftstücken betonten, dass ihr kunstvolles Kirchengebäude dringend repariert werden müsse. Das Gebäude sei in sehr schlechtem Zustand und ein Baumeister habe die Reparatur auf eintausend Reichstaler taxiert. Es gäbe auch nur *„elende"* Kirchenbänke auf denen man anstatt richtiger Stühle sitzen könne.[117] Ferner sei der Kirch-

---

[117] NLA HA Celle Br. 61a, Nr. 5126, Blatt 24 und 35.

turm *„gebrechlich"* und das Beispiel Bremens[118] gemahne sie, hier alsbald tätig zu werden. Schon aus diesem Grunde sei man auf einen gewissen Ausgleich für die dann fehlenden Abgaben der Steinweger angewiesen.

Insoweit erscheint es aber doch sehr fraglich, ob die oft kolportierte Geschichte[119] von der während des Krieges angeblich erfolgten Umnutzung der Bücher Kirche als Pferdestall und Scheune zutreffend sein kann, da ein solcher Missbrauch wohl auch in dieser recht ausführlichen Darstellung des Bauzustandes seinen Niederschlag gefunden hätte.

Der hoyaer Kirche ging es damals, ausweislich derselben Akte, hinsichtlich des Renovierungsbedarfs allerdings auch nicht besser. Die Baukosten für den Kirchturm hätten Schulden verursacht, es gäbe Risse im Mauerwerk, das Kirchengeläut sei ebenfalls baufällig und dem hoyaer Pastor habe es während der Kommunion sogar *„auf den Altar und in den Kelch"* geregnet.

---

[118] Der Südturm des seit längerer Zeit Risse aufweisenden Bremer Doms stürzte im Januar 1638 ein, begrub zwei angebaute Häuser unter sich und kostete acht Menschen das Leben.

[119] 1100 Jahre Bücken, herausgegeben vom Festausschuss 1100 Jahre Bücken, Eystrup 1982, S. 87.

Diesen hoyaer „Jammer" nutzten die bücker Kirchenjuraten im weiteren Schriftwechsel sogleich, um darauf hinzuweisen, dass die verschwenderischen Hoyaer, ganz anders als die sparsamen Bücker, doch selbst Schuld am Zustand ihrer Kirche seien. Bekanntlich würden sie ihre jährlichen Einnahmen nur bei den Wein- und Bierschänken sowie den Wirtshäusern *„vertuen und zu bringen"* anstatt es Kirche und Schule zugutekommen zu lassen: *„Was die Vorfahren in Gottesfurcht vermacht, wird dort verzehrt und verschwendet, dass es zum erbarmen ist."* [120]

Jedenfalls ist auch nach den Hinweisen dieser Akte tatsächlich davon auszugehen, dass zunächst nur der westlich der Weser liegende Teil des Amtes Hoya von kaiserlichen Soldaten besetzt worden war. Diese beschwerten das Land aber genauso, wie die im Januar 1623 eingefallenen protestantischen Armeen. Wieder mussten die Dörfer Requirierungen hinnehmen und die fremde Truppe auf eigene Kosten unterhalten. Die Lage war also dieselbe, wie ein Jahr zuvor: Das Amt Hoya war an der Weser geteilt. Während die Ostseite frei blieb, war die Westseite wiederum - nur dieses Mal von kaiserlichen Truppen - besetzt.

---

[120] NLA HA Celle Br. 61a, Nr. 5126, Blatt 102.

Bereits im Dezember 1623 löste sich die Kreisarmee, unter anderem wegen entbrannter Streitigkeiten über die weitere Bezahlung derselben, weitgehend auf. Die lüneburgischen und braunschweigischen Stände hielten den Krieg ohnehin für beendigt, da die Armee des Tollen Christian von den Kaiserlichen bei Stadtlohn vernichtet und die mansfeldschen Truppen bis nach Ostfriesland abgezogen seien. Nach langen Verhandlungen zog zeitgleich auch die kaiserlich-ligistische Armee um die Jahreswende 1623/1624 wieder aus den Grafschaften Hoya und Diepholz nach Hessen ab, so dass auch von diesen keine Gefahr mehr ausging.[121] Der Kreisgeneral, Herzog Georg, kehrte daraufhin ebenfalls aus seinem Hauptquartier in Nienburg auf sein Schloss Herzberg im Harz zurück. Aus Sicht der Regierung in Celle verschwand damit jegliche Bedrohung ihrer Grenzen und die Kriegswirren schienen damit - zumindest für das Amt Hoya - beendet zu sein.

8. Neue Besetzung durch Kaiserliche, 1624

Auch dieses Mal sollte die Ruhe im Amt Hoya aber nur kurze Zeit währen. Zum Jahresbe-

---

[121] Decken, a.a.O., S. 122.

ginn 1624 ergab sich nämlich für die bereits verloren geglaubte Sache des „Winterkönigs", des ehemaligen Kurfürsten von der Pfalz, Friedrich V., abermals neue Hoffnung. Der König von England, ein Schwager des (ehemaligen) pfälzischen Kurfürsten, schickte eine Gesandtschaft nach Kopenhagen, die eine Allianz zu Friedrichs Wiedereinsetzung als Kurfürst von der Pfalz und auch als König von Böhmen bewirken sollte. Unter Abkehr der bisher verfolgten Politik war jetzt auch Frankreich geneigt, einem solchen Bündnis zur Zurückdrängung der kaiserlichen Macht beizutreten und einen „neuen Krieg" zu finanzieren. [122]

Der dänische König erhoffte sich wohl vor allem, die seit der Reformation protestantisch gewordenen Bistümer Norddeutschlands für Angehörige seiner Familie zu sichern. So war gerade das Fürstbistum Halberstadt, nach dem zwischenzeitlichen Verzicht des Tollen Christian, der ja bisher Bischof von Halberstadt war, neu zu besetzen. Zudem standen entsprechende Bischofswahlen im Fürstbistum Hildesheim und im Erzstift Bremen an. Im Fürstbistum Verden hatte der dänische König Christian IV. bereits seinen Sohn, Prinz Friedrich von Dänemark, zum Bischof wählen lassen

---

[122] Decken, a.a.O., S. 124.

und damit das dänische Königreich zumindest faktisch bereits um dieses Staatsgebiet erweitert. Ein Fürstbistum war als eigenständiges Staatsgebilde („Stift", „Fürstbistum" oder „Hochstift") begehrtes Ziel jeder dynastischen Politik, da sich durch die Wahl eines Familienangehörigen zum Bischof, i.d.R. gegen entsprechende Geldzahlungen, der Machtbereich des eigenen Landes relativ einfach vergrößern ließ (wodurch auch ein Zugriff auf die bischöfliche Armee, den Staatshaushalt und die Abgaben der dortigen Untertanen verbunden war). Christian IV. hoffte nun auch die anderen frei werdenden Bistümer mit eigenen Angehörigen zu besetzen, um damit Dänemarks angestrebte Vorherrschaft in Norddeutschland noch weiter ausbauen zu können.

Auch die ohnehin mit Habsburg im Krieg liegenden Niederlande, die Landgrafschaft Hessen-Kassel und der Herzog von Brandenburg waren einem Bündnis gegen den Kaiser aus unterschiedlichen Gründen nicht abgeneigt. In England wurde zeitgleich der bereits mehrfach geschlagene protestantische Heerführer Graf Mansfeld mit reichlichen Geldmitteln ausgestattet, so dass er 1624 mit einer neuen (15.000 Mann starken) Armee wieder in Holland landen konnte.

Auf der anderen Seite versuchte auch der Kaiser mittels seiner Machtmittel (die vor allem aus Tillys ohnehin bereits in Norddeutschland stehender Armee bestand) die Bistümer und Klöster in Schaumburg, Bremen, Osnabrück, Münster und Halberstadt mit eigenen katholischen Parteigängern zu besetzen und so seinerseits die kaiserliche Machtbasis in Norddeutschland, unter gleichzeitiger Zurückdrängung des Protestantismus, entscheidend und dauerhaft zu stärken.

Die Armee Tillys begann daher im Anfang des Jahres 1624 wiederum Truppen durch die Grafschaft Hoya bis in das Erzstift Bremen zu verlegen, mit der offiziellen Begründung, dass die Armee in Hessen nur ungenügend verpflegt werden könnte. In Wahrheit sollten die Truppen aber wohl einerseits die bevorstehenden Bischofswahlen „absichern" und zum anderen auf die neue, von Dänemark ausgehende Gefahr mit einer Vorfeldbesetzung reagieren. Dadurch erschienen die kaiserlichen Truppen, kaum waren sie zum Jahresende 1623 abgerückt, im Frühjahr 1624 schon wieder im Amt Hoya.

Die erneute Einquartierung kaiserlicher Truppen führte zu neuen Beschwerden der einheimischen Bevölkerung: So seien schon im Februar 1624 westlich der Weser, wo Tillys Truppen jetzt wieder lagerten, sämtliche Vorräte aufgezehrt gewesen. Vor allem gegen den zunächst in den Ämtern Syke und im bremi-

schen Thedinghausen einquartierten kaiserlichen Oberst Erwitte und dessen Regiment wurde vielfältig geklagt.[123]
Auch Bücken und weitere Orte der westlich der Weser gelegenen Amtsseite waren spätestens ab Mitte Februar 1624 mit kaiserlichen Truppen belegt.[124] Im März beschwerten sich Drost und Amtmann in Hoya über die Ruppigkeit der kaiserlichen Soldaten. Wenn die Untertanen die Soldateska nicht ausreichend versorgten, würde man sie jämmerlich schlagen. Auch die mit so viel Fleiß angelegten Karpfenteiche in Duddenhausen und Martfeld wären schon ganz ausgeräubert. Der Oberst Erwitte und seine Offiziere wären zwar durchaus um Disziplin bemüht, aber sooft die Musketiere von ihrem „Profoss" auch gestraft würden, betrügen sie sich doch hernach nicht besser als zuvor.[125]

---

[123] Opel, Band 2, S. 15-23.

[124] NLA HA Celle Br. 11, Nr. 92 II, Blatt 68: In einem Schreiben „sämtlicher Untertanen zu Bücken" vom 9. August 1624 heißt es, dass die Belegung bereits seit 24 Wochen andauere.

[125] NLA HA Celle Br. 11, Nr. 68, Blatt 180.

Anfang April 1624 berichteten die hoyaer Beamten, dass ein Obrist-Wachtmeister[126] von Witzleben um Einquartierung seiner Kompanie auch auf dem hoyaer Steinweg nachgesucht habe. Das hätten die Beamten aber abgelehnt. Fast sämtliche Dörfer und Höfe westlich der Weser waren jetzt bereits mit kaiserlichen Truppen belegt oder mussten Abgaben in Geld (Kontributionen) für die fremden Offiziere zahlen und jetzt sollte das Quartier auf den Steinweg ausgedehnt werden.[127]
Im Flecken Hoya war zum Schutz der Weserlinie nach wie vor der Kapitän Meretig einquartiert, während das Westufer des Fleckens offenbar unbewacht blieb. Ende April wollte dann, nachdem der Obrist-Wachtmeister Witzleben zuvor noch gescheitert war, der oben be-

---

[126] Entspricht dem Dienstgrad Major.

[127] Die Kontribution wird als eine für die Unterhaltung eines Söldnerheeres erhobene Steuer bezeichnet. Ihrem Wesen nach sei sie eine Grundsteuer gewesen, die das Oberkommando einer Armee den Gemeinden oder den Einwohnern an Stelle von Steuern oder Naturalleistungen auferlegte. Von der Kontribution zu unterscheiden sei die Requisition, d. h. die Erzwingung der Lieferung von Naturalien und ähnlichen Leistungen, wie sie von den Truppen des Tollen Christian im Januar 1623 eingefordert worden waren, vgl. Meyers Großes Konversations-Lexikon, Band 11, Leipzig 1907, Stichwort „Kontribution".

reits genannte kaiserliche Kapitän St. Eloy den hoyaer Steinweg mit seinen Männern belegen. Da aber der Steinweg *„hart an die Weserbrücke grenze"* könne eine Stationierung fremder Truppen, so die Mitteilung des Amtmanns Myll nach Celle, zum einen den *„Weserpaß"* in Gefahr bringen und zum anderen auch die *„jenseits"* wohnenden Meier, die man dringend zur Landbestellung benötige, in ihrer Bewegungsfreiheit einschränken.[128] Am Ende hat St. Eloy sich aber offenbar durchgesetzt und seine Männer auch auf dem Steinweg einquartiert.
Anfang Mai reiste Myll mit seinem Kollegen aus Bruchhausen zum Hauptquartier des Oberst von Erwitte nach Freudenburg/Bassum, um mit diesem über die Unterbringung der Truppen zu verhandeln. Erwitte hatte eine erneute Erweiterung der Quartiere verlangt und war zumindest zu Verhandlungen bereit. Die Gespräche blieben aber ergebnislos, denn gegen den Willen des Amtes wurde nun auch das von nur *„acht Hausleuten"* bewohnte Dorf Riethausen mit Soldaten belegt, was den hoyaer Amtmann besonders störte, da er die dortigen Einwohner zum Dienst auf dem amtseigenen Vorwerk Memsen dringend benötigte und sie daher von allen Beschwernissen frei halten wollte.

---

[128] NLA HA Celle Br. 11, Nr. 68, Blatt 219.

Die nächste Nachricht zu besonderen Vorkommnissen datiert vom 27. Mai 1624. Der Amtmann von Alt-Bruchhausen, Berndt Schwers, und sein nienburger Drost beklagten sich über kaiserlichen Vandalismus. *„Vorgestern Abend"* seien neben dem Amtmann ein Oberst und der in Bücken stationierte Hauptmann St. Eloy bei dem Hauptmann Klein in dessen Quartier im Amtshaus von Bruchhausen zu Gast gewesen. Um 12 Uhr nachts sei der Oberst dann weggefahren und der Amtmann zu Bett gegangen. St. Eloy habe bei Klein noch den *„Morgen-Imbiss"* genommen und beide hätten sich dann *„doll und voll gesoffen"*. Daraufhin hätten sie mitten in der Nacht, mit *„Trotz und Mutwillen"*, die Pforte zum Vorwerk zerschlagen, dasselbe mit ihren Soldaten durchsucht und die Brücke zum Schloss durch ihre Schildwache sperren lassen, so dass die Bediensteten, die Meierin und die Mägde, morgens nicht hinein gekommen wären. Endlich hätten sie den Bürgermeister genötigt, die vor dem Schloss an der Brücke stehende „Leube" (der Drost spricht hier von einer „Meylöbe", was sich vielleicht als „Mailaube" übersetzen ließe) herunter zu werfen. Dieses unverantwortliche *„Attentat"* müsse umgehend gestraft werden, auch wenn zu vermuten stehe, dass diese Beschwerde, wie auch andere

Klagen, *"wenig respectiret, sondern mit ein Haufen ehrenverletzender Worte beantwortet werde"*.
Unter dem 30. Mai berichteten Drost und Amtmann aus Hoya[129], dass sie mit dem Kapitän Meretig sämtliche Weserpässe und „Vörden"[130] besichtigt hätten. Die beiden „Vörden" zwischen Hoya und Nienburg hätten sich, ebenso wie die verschiedenen „Vörden" zwischen Hoya und Verden, durch neue Sandablagerungen stark verändert. Man habe bereits im letzten Jahr viele *"eiserne Eggen und Zacken"* in die bekannten Übergangsstellen gelegt, um zu verhindern, dass irgendwelche Truppen einfach durch den Fluss hindurchreiten könnten. Der Treibsand der Weser habe aber alles wieder übergespült. Meretig schlug daher vor, zu Überwachungszwecken an jeder dieser Übergangsstellen eine kleine Schanze aufzuwerfen und diese, bei einem Ablösungsturnus von zwei oder drei Tagen, mit zwanzig bis dreißig Soldaten oder Ausschüssern zu beset-

---

[129] NLA HA Celle Br. 11, Nr. 68, Blatt 244 und 257.

[130] Der Begriff „Paß" wird offenbar synonym für jegliche Durch- oder Übergangsmöglichkeit gebraucht, während „Vörde" sich speziell auf eine „Furt" durch die Weser versteht.

zen.[131] Seine eigene Kompanie würde allerdings *„die Nacht durch neben den Bürgerwachen"* bereits mit Diensten ausgelastet sein und könne keine Leute entbehren. Der hoyaer „Ausschuss" sei teilweise von den Kaiserlichen belegt und bei den vielen Durchzügen auch vielfach seines Gewehres beraubt worden.[132] Man benötige dafür also mehr „Volk".

Die nächste Klage über Gewaltexzesse der Besatzungstruppe lief ebenfalls Ende Mai 1624 ein. Der zur Kompanie des Kapitäns St. Eloy in Bücken gehörende Fähnrich Hans Ernst Cop habe dem hoyaer Bürger Johan Drönewolff *„drei schöne milchende Kühe gewalttätig aus der Weide"* entführt. Er brachte sie in sein Quartier nach Bücken und „verkaufte" sie schließlich dem beraubten Drönewolff - der

---

[131] Tatsächlich wurden später an der Furt zwischen Rohrsen und Balge auf beiden Flussufern Schanzen angelegt. Nach https://de.wikipedia.org/wiki/Rohrsen seien die beiden Schanzen im Jahre 1640, allerdings nicht zur Überwachung der Furt sondern (was aber zu bezweifeln sein dürfte) zur Kontrolle des Schiffsverkehrs, gebaut worden.

[132] Mit dem „Ausschuss" ist offenbar eine gemeinsame Truppe des ganzen Amtes Hoya gemeint. Von den Kaiserlichen „belegt" und entwaffnet waren zu dieser Zeit also wohl die „Reservisten" der westlich der Weser gelegenen Amtsteile, wie es aus Bücken bereits 1623 berichtet wurde.

also für sein eigenes Vieh zahlen musste - wieder zurück. Alle mündlichen und schriftlichen Mahnungen des Amtmannes hätten daran nichts ändern können, im Gegenteil sei es nun noch schlimmer geworden. So habe Fähnrich Cop in Abwesenheit seines Hauptmanns *„gestern abend spät um neun Uhr etliche 18 Kühe von einer nahe diesem Flecken* (Hoya) *belegenen Weide"* wegtreiben lassen. Die *„Leute"* seien den Soldaten aber mit Forken und „Barten" nachgelaufen, worauf die Soldaten zwei Warnschüsse abgegeben hätten. Einem Bürgersohn hätte ein Soldat dann sein „Feuerrohr" auf die Brust gesetzt und gedroht, ihn zu erschießen, falls die Bürger nicht endlich abziehen wollten. Die Bürger hätten aber dennoch um ihr Vieh weiter gekämpft und sogar gewonnen. Sie hätten sämtliche Kühe heimgeholt und auch das Feuerrohr *„zum Wahrzeichen mit anhero bracht"*. Auf der *„Wahlstatt"* seien bei der Flucht der Soldaten sogar einige von deren Musketen liegen geblieben. Als Strafaktion hätte der Fähnrich dann allerdings den hoyerhagener Meier Christoff zum Vogelsange und dessen Sohn vorübergehend festnehmen lassen, obwohl diese mit dem Vorfall nichts zu tun hatten.

Nach all diesen bei ihm eingelaufenen Nachrichten beklagte sich dann auch Herzog Christian in Celle am 6. Juni 1624 brieflich[133] unmittelbar bei Feldmarschall Graf Anholt über die Exzesse, welche dessen Truppe in dem herzoglichen Amt Hoya begangen hätten. Auf *„einem Feld"* bei Bücken hätten zwei *„böse Buben"* - ebenfalls von St. Eloys Kompanie - einer armen kranken Magd aufgelauert. Der eine habe Wache gehalten, während der andere *„seinen Mutwillen höchst strafbarer Weise mit selber vollbracht"*. Sie hätten die Magd *„angefallen und so jämmerlich geschlagen"*, dass sie nach wenigen Tagen ihren Verletzungen erlegen sei. Schließlich hätten die herzlosen Soldaten (wahrscheinlich ebenfalls von St. Eloys Kompanie) den recht alten, gebrechlichen und einarmigen hoyaer Schlosswächter, der mit amtlichen Briefen nach Nienburg unterwegs war, einfach angehalten, ihn ausgezogen, beraubt und schließlich mit einem Degen *„braun, blau und wund"* geschlagen.[134]

---

[133] Die Beschwerde findet sich in NLA HA Celle Br. 11, Nr. 92b, während die zuvor eingelaufene Meldung aus Hoya in NLA HA Celle Br. 11, Nr. 68 abgelegt ist. Der Fall war sofort zur Anzeige gebracht worden und den einen der beiden Soldaten hätte St. Eloy auch gefangen genommen, der andere sei aber entkommen. Da die Kompanie aber wisse, wo der Flüchtige seine Heimat habe, werde man ihm noch nachforschen.

[134] NLA HA Celle Br. 11, Nr. 68, Blatt 274 f.

Der Herzog beschwerte sich auch ausdrücklich über *„einen kaiserlichen Kapitän namens St. Eloy"*, der am Amtshaus in Bruchhausen mutwillig hohen Sachschaden verursacht habe (s.o.).
Endlich sei es - wiederum in Bücken - sogar zu Mord und Totschlag gekommen. *„Etzliche"* Soldaten seien zu nachtschlafender Zeit einem „Hauswirt" in dessen Haus *„gefallen"*, hätten ihn ermordet und zwei dort wohnende Schwestern *„bis auf den Tod"* verwundet. Der Herzog ersuchte den Feldmarschall freundlich (*„wir bleiben Euch wohlgewogen"*) darum, solche Ausschreitungen doch bitte strikt zu unterbinden und die Schuldigen gehörig zu bestrafen.
Nach Aktenlage wird es sich bei dem bücker Vorfall um den dortigen Bürger Cord Brüning handeln, der sich bereits am 23. März 1624 in Celle beklagt hatte. *„Nachts um neun Uhr"*, am zwanzigsten des Monats, als er, seine Frau, die Kinder und das Gesinde sich gerade schlafen gelegt hätten, wäre ein Gruppe von Soldaten vor seiner verriegelten Haustür erschienen und hätte Einlass begehrt. Das habe Brüning verweigert. Nach einiger Zeit des Klopfens und des Versuchs, die Tür aufzubrechen, seien die Soldaten abgezogen, aber nur, um wenige Minuten später mit Musketen und brennenden Lunten sowie einem Anführer mit einer

„Helleparten" wieder zu kommen. Sie hätten nun gerufen, dass die Wache da sei und Einlass begehre. Brüning lehnte wiederum ab. Schließlich seien die Soldaten durch die kleine Tür an der Seite in das Haus eingedrungen und hätten dort Brünings Sohn erschossen. Als Brünings Tochter ihren Bruder habe aufheben wollen, sei auch auf sie - mit Schrot - in das linke Bein, nahe am Fuß, geschossen worden. Da noch etliche Stückchen (Blei) im Bein steckten, habe sie noch heute so dermaßen schreckliche Schmerzen, dass sie – *„da ihre Gesundheit nun eh dahin sei"* – am liebsten sterben möchte. Brünings zweiter Sohn wurde zunächst mit einer Muskete niedergeschlagen und dann gleichfalls angeschossen. Ihn traf es am Arm nahe dem Ellenbogen. Endlich sei auch noch Brünings Frau in die Hüfte getroffen worden. Brüning selbst sei geschlagen und dann in das Wachthaus der kaiserlichen Truppe in Bücken abgeführt worden. Am nächsten Tag habe man ihn aber wieder entlassen. In seinem Haus fand er dann den Barbier der Truppe und den Schützen vom vorigen Abend vor. Der Barbier verband, gegen dessen Willen, Brünings zweitem Sohn dessen verwundeten Arm, worauf der Täter gesagt habe, dass er, wenn er nicht bereits auf Brünings Sohn geschossen hätte, das spätestens jetzt tun wolle. Brüning bat *„ganz dienstwillig und gehorsam"* um Bestrafung sämtlicher Täter, damit *„wir armen Leute hinfort solchen Gewalttaten verhütet bleiben mögen"*.[135]

Zur Erklärung des Vorfalls verwies der Leutnant der Kompanie St. Eloy gegenüber dem Amt darauf, dass Brüning selbst schuld an dem tragischen Ereignis sei. An dem Abend hätte man in Bücken zwei Schüsse gehört. Der Kompaniechef befahl, den unbekannten Schützen zu ergreifen. Also hätten die Musketiere die Häuser durchsuchen wollen. Allein Brüning habe die Tür nicht aufgemacht und sei daher verdächtig gewesen. Auch auf den Hinweis, dass die Wache vor seiner Tür stehe, habe er nicht reagiert. Deshalb habe man mit Gewalt in sein Haus gemusst und jeden Widerstand gebrochen.

Auch der Wecholder Pastor Tegtmeyer, der nach eigenen Angaben bereits seit 33 Jahren im Amt war, beklagte sich bitter über das *„undeutsche welsche gottlose Gesindel"* von Soldaten, die sich bei ihm einlagerten und Essen und Trinken erpressten.[136] Dem Pfarrer war von Oberst Erwitte wohl zunächst zugesagt worden, sein Haus von Belegungen zu verschonen. *„Jetzt wird uns berichtet"*, so schreibt Herzog Christian an den Oberst Erwitte, *„dass er doch wieder fünf Soldaten und zwei Jungen, denen*

---

[135] NLA HA Celle Br. 11, Nr. 68, Blatt 184 - 186.

[136] Schweringen, a.a.O., S. 97.

er täglich zwei Reichstaler zahlen müsse" habe aufnehmen müssen.[137] Das möge der Oberst doch bitte unterbinden.

9. Die Besatzung zieht ab, Januar 1625

Im Juni meldeten die hoyaer Beamten, dass man in der Hämelheide vier kaiserliche Soldaten angetroffen und sofort festgenommen habe. Die vier seien unerlaubt über die Weser gekommen und würden nun als „Landfriedensbrecher" behandelt.[138] Was dann mit diesen Soldaten in den nächsten Tagen genau geschah, bleibt undeutlich, offenbar fanden sie aber kein gutes Ende: Im Juli verlegte St. Eloys Kompanie (zu welcher die vier gefangenen Soldaten wahrscheinlich gehörten) ihr Quartier von Bücken nach Schweringen. Der neue hoyaer Amtmann Henning Riebe teilte daraufhin am 18. Juli nach Celle mit: *„Weil uns wegen der Fähre und Flöte*[139] *so des Ortes* (Schweringen) *vorhanden, die Soldaten etwa überzufah-*

---

[137] NLA HA Celle Br. 11, Nr. 92 II, Blatt 41.

[138] NLA HA Celle Br. 11, Nr. 92 II

[139] Schiffe und Boote wurden in unterschiedlichen Schreibungen auch als „Fluite" oder „Fleute" bezeichnet, vgl. Deutsches Historisches Museum <dhm.de/Blog/Das Schiffsmodel einer Lübecker Fleute>.

ren und sich zu der Hämelheide zu begeben, sich besorglich untermaßen mögten, gestald das die jüngst justifizierten Soldaten sich an selbigen Orte der Überfahrt gebraucht und deren Köpfe nächst dabei an der Heerstraße auf Stangen stecken."
Demzufolge sind die vier Soldaten wohl wieder an die kaiserliche Armee zurückgegeben und dort, vielleicht nicht nur wegen Landfriedensbruchs und Plünderei, sondern auch wegen Fahnenflucht, hingerichtet und - zur Abschreckung der eigenen Truppe - enthauptet und entsprechend zur Schau gestellt worden.
Jedenfalls genügte diese Abschreckung dem Amtmann offenbar nicht, da er in Celle vorsichtshalber anfragte, ob man die Fähre und die „Flöten", zur Vermeidung weiterer Plünderungen, nicht besser heimlich bei Nacht den Kaiserlichen wegnehmen und nach Hoya bringen sollte. Die Gelegenheit sei günstig, da sämtliche Offiziere der Kompanie St. Eloy gerade für einige Tage zum Feldmarschall Graf Anholt abgereist seien.
Bereits eine Woche zuvor hatten die hoyaer Beamten direkt bei Graf Anholt noch um eine Truppenverlegung ersucht. Drei kaiserliche Kompanien unter den Kapitänen Schummert,

St. Eloy und Ferranten[140] habe man jetzt im Amt Hoya zu versorgen. Sämtliche Dorfschaften und Einwohner seien dadurch bereits ganz ruiniert. Man ersuche darum, wenigstens Hoyerhagen und Riethausen von Einlogierungen zu befreien, damit die Leute dort in Ruhe (auf dem amtseigenen Vorwerk Memsen) arbeiten könnten.
Nur zwei Tage nach der gestellten Anfrage gab Celle für die „Operation Fähre" grünes Licht. Am 6. August meldete Hoya dann erfolgreichen Vollzug: Die eine „Flöte" habe man in Schweringen unbemerkt entwendet und nach Hoya in Sicherheit gebracht. Die andere sei aber schadhaft. Sie liege in Schweringen auf Grund und auch die dortigen Soldaten hätten wohl schon erfolglos versucht, sie wieder in Betrieb zu setzen. Jedenfalls drohe keine Gefahr mehr, da die Soldaten nun nicht mehr übersetzen könnten. Allerdings zeige sich auch neuer Ärger. Der bereits unrühmlich bekannte Fähnrich Cop habe nun damit begonnen, alle bereits ordnungsgemäß verzollten

---

[140] Es könnte sich hierbei um Duc Fernando Ferrante („Ferdinand von Capua") gehandelt haben, der Anfang 1631 als Oberst vor Greifswald in schwedische Gefangenschaft geriet, vgl. www.30jaehrigerkrieg.de/ferrante, in: Warlich, Der Dreißigjährige Krieg in Selbstzeugnissen, Chroniken und Berichten.

Weserschiffe in Schweringen anzuhalten und ihnen Geldzahlungen abzupressen.

Der hoyaer Frese notierte in seiner Hausbibel zum Jahr 1624, dass die Pest im Sommer im Flecken Hoya angekommen sei. Im Juli habe es die ersten Toten gegeben und auch die Frau des Junkers Johann von Staffhorst sei am 27. August daran gestorben. Ebenfalls im Juli hat er zudem zwei Soldaten der Kompanie Meretig bei sich aufnehmen müssen. Einer der beiden habe Conrad Schepeler geheißen und aus Nienburg gestammt. Unter dem 3. September wurden dann an deren Stelle zwei Edelleute derselben Kompanie bei ihm einquartiert, während Kapitän Meretig im Haus des Kornschreibers untergebracht war. Am 11. September 1624 hat Frese mit seiner Familie Hoya schließlich vorübergehend (bis zum 1. Dezember) verlassen, da die Pest und der „Blutgang" immer schlimmer geworden seien. An der Pest und anderen Seuchen soll in diesem Jahr etwa ein Drittel der Bevölkerung Hoyas verstorben sein.[141] Der seit 1621 in Hoya als Pastor tätige Conrad Römeling[142] habe, auch angesichts diverser Weserhochwasser, kaum alle Beerdigungen bewältigen kön-

---

[141] Willi Schreiber, Conrad Römeling - Hoya und der Dreißigjährige Krieg, S. 9.

[142] Andreas Ruh, Conrad Römeling, S. 3.

nen. Die Pest grassierte zur gleichen Zeit, vor allem von Oktober bis Dezember 1624, auch in Nienburg und Stolzenau. In Stolzenau gab es dann im folgenden Jahr auch noch eine „hitzige Hautkrankheit", der nochmals viele Bürger erlagen.[143] Gade geht davon aus, dass die gesamte Grafschaft Hoya in den Jahren 1624, 1626 und letztmals 1627 von der Pest betroffen gewesen wäre.[144] In den Amtsakten spielt die Pest dagegen im Jahre 1624 keine Rolle. Von der Krankheit ist in den vielen vorhandenen Schreiben aus dieser Zeit (noch) nirgends die Rede.

Im Spätherbst 1624 verdichteten sich die Gerüchte, dass Feldmarschall Graf Anholt seine Truppe endlich aus dem Amt Hoya abziehen wolle. Am 5. Dezember trafen sich der hoyaer Amtsschreiber Jürgen Dieckmann, der Amtmann aus Bruchhausen und der hoyaer Landkapitän Dietrich Precht mit Oberst von Erwitte diesbezüglich in Freudenburg. Erwitte fragte an, ob seine Truppe, je nachdem welche Befehle er erhalten werde, eventuell auch über die Weserbrücke in Hoya abmarschieren dürfe. Tatsächlich zogen Teile der Truppe bereits ab

---

[143] Gade, Geschichte des Fleckens Stolzenau, S. 68.

[144] Heinrich Gade, Historisch-georgraphisch-statistische Beschreibung der Grafschaften Hoya und Diepholz, Band 1, Nienburg 1901, S. 120.

dem 3. Dezember *„mit Pack und Sack"* aus ihren Quartieren ab. Der Rest folgte in den nächsten Tagen. Die Soldaten „liehen" sich aber gewaltsam etliche Pferde, Wagen und sogar Knechte und Mägde bei den Bauern aus und nahmen sie beim Abmarsch mit sich. Die Offiziere versprachen, sowohl die Pferde wie das Gesinde zurückschicken, sobald die Truppe andernorts festes Quartier bezogen hätte. Das Amt reagierte auf diese Nachricht alarmiert und schickte, da man die gewaltsame Mitnahme der Untertanen nicht verhindern konnte, wenigstens einen der Amtsvoigte zwecks Kontrolle und Hilfestellung mit dem abziehenden Tross mit. Von unterwegs berichtete der Voigt denn auch, dass man schon nach wenigen Tagen im Stifft Münster angekommen wäre. Ein Ende des Marsches sei aber noch nicht absehbar und eine Flucht unmöglich, da ihr Zelt des Nachts stets eine Schildwache erhalte.

Die nun endlich wieder von der beschwerlichen Einquartierung befreite Bevölkerung hatte sich aber zu früh gefreut. Nur wenige Tage nach Abmarsch der drei Fuß-Kompanien traf überraschend eine Kompanie kaiserlicher Kavallerie in Bücken ein. Die Soldaten hätten die verschlossenen Schlagbäume (an den Ortseingängen) mit Gewalt geöffnet und verlangten untergebracht zu werden. Der Landkapitän

Precht ist sofort von Hoya nach Bücken geritten, um gegen diesen Wortbruch zu protestieren, da Oberst Erwitte den kompletten Abzug jeglicher Truppen versprochen hatte. Der kommandierende Rittmeister der Kavallerie zeigte daraufhin seine schriftlichen Originalbefehle vor. Er habe bislang in Bahrenburg gelegen. Seine Leute seien hungrig und er verlange Verpflegung. Er werde hier nicht abziehen, auch wenn die Bauern ihn totschlagen wollten. Precht musste das zunächst akzeptieren. Die Bücker beklagten sich umgehend über die neue Einquartierung. Sie hungerten doch selbst und müssten bereits Bucheckern mahlen um überhaupt noch Brot backen zu können.[145] Die kaiserlichen Reiter blieben aber trotzdem in Bücken. Auch in Martfeld und den anderen Orten westlich der Weser trafen in den nächsten Tagen weitere Abteilungen Kavallerie ein. Die oben bereits angesprochene Bitte der Hoyaer Bürgerschaft um Verstärkung um „100 Freye" an den Herzog in Celle datiert (ebenso wie der amtliche Bericht über die in Bücken angekommenen Reiter) vom 10. Dezember 1624 und ist unterzeichnet mit „*Sämtliche Bürgerschaft und Gemeine des Fleckens Hoya.*" Es wird darauf verwiesen, dass nach dem „*unlängst*" erst erfolgten Abzug des kaiserlichen

---

[145] NLA HA Celle Br. 11, Nr. 92 II, Blatt 177 ff.

Grafen Anholt, nun erneut kaiserliche Truppen, diesmal die Reiterei des Oberst von Erwitte, sich näheren und Hoya durch deren Einfall wiederum in *„Grundt verderbet und ruiniret"* zu werden drohe. Daher möge seine fürstliche Gnaden (Herzog Christian von Celle) doch erneut ein Fähnlein von *„100 Freyen"* entsenden.[146]

Ob nun Ende 1624 wieder dieselbe Einheit, die bereits 1623 hierher gesandt worden war, in Hoya ankam, lässt sich nicht belegen. Zumindest berichtet Frese in seiner Bibel aber, dass, nachdem *„Meerretichs"* Truppe bereits am 13. Oktober 1624 wieder *„abgedankt"* hätte, der Herzog *„de Freyen"* unter dem Capitän Coltze am 20. Dezember 1624 (also nur zehn Tage nach dem Gesuch der Bürgerschaft) nach Hoya verlegt habe. Diese seien bis *„Fastelauent"* 1625 geblieben,[147] was sich wohl mit „Fassnacht", also sechs Wochen vor Ostern, übersetzen lassen dürfte.

Ein gutes Ende fand aber immerhin die Odyssee der entführten Mägde und Knechte, die von den abziehenden Soldaten mitgenommen worden waren. Am zweiten Weihnachtstag traf der Voigt mit den Verschleppten wieder in Hoya ein. Sie seien bis zum Rhein in das Fürs-

---

[146] NLA HA Celle Br. 11 Nr. 95.

[147] Eschen, a.a.O., S. 34.

tentum Berg marschiert. Endpunkt sei die Stadt Schwerte gewesen, wo Kapitän St. Eloy und die anderen Infanteristen nun ihr Winterquartier einrichten würden. Von den mitgenommenen 163 Pferden seien aber nur noch zwanzig mit zurückgekommen. Viele Pferde hätten die Soldaten entweder zu Tode getrieben oder einfach geraubt.[148]

Im Gefolge des Hoyaer Gesuchs um Verstärkung ist also ab dem 20. Dezember 1624 eine weitere Einquartierung von Seiten der celleschen Truppen bis Frühjahr 1625 erfolgt, um eventuelle Übergriffe der erneut im Amt stehenden kaiserlichen Truppen über die Weserlinie hinaus zu verhindern. Sowohl im Dezember 1624 wie im Januar 1625 habe Oberst Erwitte sich auch selbst für mehrere Tage in Bücken einquartiert.

Die fürstliche Regierung in Celle war diese dauernde Besetzung des eigenen Staatsgebiets nun aber auch leid und rief zum Widerstand auf. Die Beamten in Hoya wurden angehalten, über ihre Pastoren, von allen Kirchenkanzeln im Amt Hoya, *„bei Verlust der Höfe, Güter und bei schwerer Strafe"*, alle Untertanen zum zivilen Widerstand (*„den Reitern nicht mehr zu folgen"*) gegen die erneute Einquartierung der

---

[148] **NLA HA Celle Br. 11, Nr. 92 II, Blatt 252 f.**

fremden Truppe aufzurufen.[149] Tatsächlich zog die kaiserliche Armee dann Ende Januar 1625 endgültig aus dem Amt Hoya ab. Die Kavallerie hatte ihren - wahrscheinlich nur befristeten - Auftrag zur Deckung des Abzugs der Fußtruppen erfüllt und marschierte ebenfalls zum Rhein.

Der Fürst in Celle ordnete daraufhin eine unverzügliche Bestandsaufnahme im Amt Hoya an. Hauptmann Lüder Coltze, der am 20. Dezember in Hoya eingetroffen war, sollte sämtliche Orte und „Päße" visitieren und Vorschläge unterbreiten, wo man durch Anbringung neuer Schlagbäume und Gräben eine weitergehende Sicherung gegen überfallartige Besetzungen erreichen könne. Die Untertanen sollten aber vorsichtshalber alle Kornvorräte, ihren Hausrat und was sonst noch Wertvolles übrig geblieben sei, auf die östlich der Weser gelegenen festen Häuser bringen (oder an sicheren Orten verstecken), da jederzeit mit erneuter Besatzung zu rechnen sei.

Oberst Erwitte meldete sich Mitte Februar 1625 nochmals bei den hoyaer Beamten und teilte mit, dass seine Truppe in den vergangenen Tagen zunächst in den Westerwald, von dort nach Hessen und inzwischen nach Westfalen gezogen sei. Hier blieb das Heer stehen.

---

[149] NLA HA Celle Br. 11, Nr. 92 II, Blatt 265.

Das Amt Hoya war nun erneut von allen Belastungen befreit und wieder keimte Hoffnung auf, dass der lange Krieg nun aber endgültig beendet sei.

C. Der Dänisch-Niedersächsische Krieg

1. Auftakt der zweiten Kriegsphase

Während im Amt Hoya noch aufgeräumt und die Feldarbeit wieder aufgenommen wurde, kündigte ein im benachbarten Syke eingehendes Schreiben aber bereits im März des Jahres neues Unheil an. Das Amt Syke war nach Aufteilung der Grafschaft Hoya der braunschweigisch-wolfenbüttelschen Linie der Welfen zugeordnet worden. Im Oktober 1623 verpfändete Herzog Friedrich-Ulrich das gesamte Amt aber aufgrund erheblicher Schulden an das Königreich Dänemark, wodurch es nun vom dänischen König auch weitgehend unabhängig regiert wurde. Im März 1625 erging eine Weisung Dänemarks an den syker Drosten Mandelsloh, wonach er mehrere dänische Hauptleute und Rittmeister zwecks längerer Einquartierung aufnehmen sollte. Damit kündigte sich die nächste Phase des Krieges an.

Die dänische Armee wurde im Mai 1625 um weitere 25.000 Mann, die (teils mit Geld, teils mit Gewalt) in Dänemark und Holstein geworben wurden, vermehrt. Am 7. Juni 1625 brach diese Armee von Itzehoe auf und überquerte die Elbe, um sodann längs der Weser nach Süden vorzugehen. Was genau die Dänen vorhatten, blieb zunächst unbekannt. Vielleicht wollten sie nur in ihre Territorien in Verden und Syke ziehen. Vielleicht steckte aber auch mehr dahinter. Offiziell wollte der dänische König die Grenzen des niedersächsischen Reichskreises schützen, da Tillys Armee – in Hessen und Westfalen stehend – eine Bedrohung darstellen würde.

Herzog Christian von Celle hatte für das Fürstentum Lüneburg-Celle erneut erklärt, gegenüber jedermann neutral bleiben zu wollen und fasste mangels Alternativen den Entschluss, das „platte Land" notfalls einer dänischen Invasion preiszugeben und sich auf die Verteidigung seiner „festen Plätze" zu beschränken. Infolgedessen wurde der Hauptmann von Meretig – jetzt mit einer „Ausschuss-Kompanie" – zum dritten Mal nach Hoya zur Besetzung des Schlosses abgeschickt. Nachdem der Herzog aber Kenntnis von der beabsichtigten genauen Marschroute des dänischen Heeres erhalten hatte, rief er den Hauptmann aus Hoya zurück, um einen kriegerischen Zusammenstoß

mit der weit überlegenen dänischen Armee zu verhindern. Dem in Hoya zurückgebliebenen (aber nicht namentlich bekannten) Kommandanten erteilte er (ebenso dem in Nienburg) Instruktion, den Dänen den kurzfristigen friedlichen Durchmarsch zu gestatten.[150]
Anfang Juni 1625 zog Graf Tilly, dem die dänischen Truppenbewegungen verdächtig waren, mit seiner kaiserlichen Armee erneut an die Weser und besetzte die unter braunschweig-lüneburgischem Schutz stehende Stadt Höxter. Dieses Vorgehen wertete nun der dänische König, der in seiner Funktion als Herzog von Holstein mittlerweile auch zum neuen Obersten des niedersächsischen Reichskreises gewählt worden war, als feindseligen Akt gegen diesen Reichskreis. Er sei daher befugt, seine eigenen Truppen zum Schutze desselben noch weiter nach Süden vorrücken zu lassen. Damit hatte Christian IV. also endlich einen passenden Anlass für das von ihm gemeinsam mit England, Frankreich und Holland wohl längst geplante Vorgehen gegen die kaiserliche Vorherrschaft in Norddeutschland gefunden.

---

[150] Decken, a.a.O., S. 143.

2. Die Dänen kommen, Juni 1625

Am 11. Juni 1625 nahmen die unter dem Kommando eines Oberst von Wersabe von Norden heran marschierenden dänischen Truppen den Flecken Hoya in Besitz.[151] Dieser Oberst Wersabe hatte ursprünglich in hessischen Diensten gestanden, war dann aber in die dänische Armee eingetreten. Er fiel im August des folgenden Jahres in der Schlacht bei Lutter am Barenberge.[152]

Der Oberst unterrichtete den celler Kommandanten des hoyaer Schlosses davon, dass der König von Dänemark im Schloss Quartier nehmen wolle, was der Herzog in Celle auch sogleich genehmigte. Christian IV. begab sich sodann von Rotenburg über Verden nach Hoya, wo man ihm das Schloss zu seiner eigenen und seiner Dienerschaft Aufnahme einräumte. Am 21. Juni zog der König weiter nach Nienburg und war bereits am nächsten Tage in Stolzenau angelangt (wo es keinerlei Befehl gab, den Durchzug der Dänen zu gestatten, so dass diese den dortigen Kommandanten mit Waffengewalt nötigten, ihm das

---

[151] Decken, a.a.O., S. 143.

[152] www.30jaehrigerkrieg.de/wersabe, in: Warlich, Der Dreißigjährige Krieg in Selbstzeugnissen, Chroniken und Berichten.

Schloss zu übergeben). Alsdann nahm der König auf der Loccumer Heide eine große Truppenparade ab, an der auch siebentausend Mann Kreistruppen (wobei streng genommen auch Christian IV. seine Armee zu dieser Zeit noch als „Kreistruppe" ausgab), die aber offiziell weiterhin neutral blieben, beteiligt gewesen sein sollen.

Die dänische Armee rückte von hier weiter südwärts bis nach Hameln vor, wo man sich den nach Holzminden zurückgegangenen kaiserlichen Truppen zunächst unentschlossen, da bislang keinerlei Kriegserklärung ausgesprochen war, gegenübersah. Hier verunglückte Christian IV. bei einer Visitation der Befestigungsanlagen schwer und musste zur Behandlung zunächst an einen „sicheren Ort", nach Verden, zurückgebracht werden. Da der König seiner Armee offenbar keine Befehle für die Fortsetzung der Operationen erteilt hatte, zog sich diese ab dem 25. Juni 1625 längs der Weser, nachdem sie in Stolzenau, Nienburg und Wölpe Besatzungen gelegt hatte, auf ihr Fürstbistum Verden zurück.[153]

Mitten in diesen Rückzugsbewegungen plünderte eine dänische Abteilung die Ortschaften Hämelhausen und Hohenholz aus. Sämtliche Vorräte wären geraubt oder vernichtet, Häuser

---

[153] Decken, a.a.O., S. 150.

abgebrannt und das landwirtschaftliche Gerät zerschlagen worden. Die Einwohner baten daher mit Schreiben vom 11. Juli 1625 bei ihrem Herzog um Stundung sämtlicher ihnen obliegender Abgaben, da sie schlicht nur ihr Leben gerettet aber alles Inventar verloren hätten. Bereits am nächsten Tag (!) erteilte Celle in einem Schreiben an „die Beamten zur Hoya" die Einwilligung zu einem weitgehenden Zahlungsaufschub.[154]
Unterdessen drängte der als General in dänischen Diensten stehende Herzog von Weimar bei dem verletzten König darauf, er solle vor dem „nur" mit lüneburgischen Landvolk besetzten Hoya zur besseren Verteidigung eine Schanze aufwerfen lassen.[155] Demnach waren die ersten dänischen Truppen unter Oberst Wersabe also zwischenzeitlich wieder aus Hoya abgerückt und eine nicht näher genannte eigene Truppe (eventuell auch nur der hoyaer Ausschuss) hatte die Kontrolle übernommen. Der Vorschlag, jetzt eine Schanze aufwerfen zu lassen, deutet darauf hin, dass bis zu dieser Zeit in Hoya immer noch keine weiteren Verteidigungsanlagen vorhanden

---

[154] NLA HA Celle Br. 61a, Nr. 5132.

[155] Opel, Band 2, S. 282.

waren.[156] Am 30. Juli 1625 wurde der Syker Drost vom Kanzler des (dänischen) Fürstbistums Verden angewiesen, seinen Ausschuss aufzubieten und das dortige Schloss und sämtliche Pässe, wohl gegen eventuell vorpreschende Aufklärungstruppen Tillys, zu besetzen.[157] Zehn Tage später wurde dem Syker Drosten dann befohlen, Vorbereitungen zur Einquartierung eines geworbenen *„Frei Fehnlein"* von fünfhundert Mann des dänischen Regiments Randtzow – welches später erhebliche Beschwerden über Plünderungen auslöste - zu treffen. Zeitgleich wurde ein in dänischen Diensten stehender Ingenieur namens Abraham de la Hay nach Syke entsandt, um mit Hilfe der *„Unterthanen"* Befestigungswerke anzulegen. Auch der ebenfalls als General in dänischen Diensten stehende Herzog Johann Ernst der Jüngere zu Sachsen habe in dieser

---

[156] Schweringen, a.a.O., S. 112, geht davon aus, dass der Flecken nicht befestigt und die Verteidigungswerke des Schlosses „schwach" gewesen wären.

[157] von Wangenheim, Beitrag zur Geschichte des Amts Syke, während des dreißigjährigen Krieges. In: Vaterländisches Archiv für Hannoverisch-Braunschweigische Geschichte, Jg 1833, Lüneburg 1834, S. 349.

Zeit Arbeiter aus Syke für Schanzarbeiten in Hoya angefordert.[158]

Herzog Christian in Celle beschwerte sich brieflich am 12. August bei dem dänischen König darüber, dass dieser die Stadt Nienburg mit seinen Truppen eigenmächtig besetzt habe und zudem noch Requisitionen in seinen Landen vornehme. Darauf antwortete der König lapidar, das, da der Herzog sein Land nicht verteidigen könne oder wolle, eben die dänischen Truppen dazu gezwungen seien „dies zu tun".

Am 21. August legte der König mit derselben Begründung[159] dann auch eine eigene Besatzungstruppe in das Schloss Hoya: *„Sobald der König Kräfte genug erlangt hatte, um wieder zu Pferde zu kommen, ließ er Hoya einnehmen, und mit einer hinlänglichen Besatzung versehen."*[160]

Aus dem königlichen Kalender wird zitiert: *„Den 22 Aug. kam Tilly vor Nienburg. Denselben Tag ließ ich Hoya durch mein Kriegsvolk einnehmen."*

---

[158] von Wangenheim, a.a.O., S. 351.

[159] Decken, a.a.O., S. 152.

[160] Niels Slange, Geschichte Christians des vierten Königs in Dänemark, Kopenhagen, Leipzig, 1771, Band 3, S. 262.

Der Kirchenvorsteher Frese in Hoya notierte dazu, dass das dänische Volk „*mit Gewalt in die Hoya eingefallen*" sei. Den dänischen Kompaniechef, Kapitän Hans Hake, habe er in sein Haus aufnehmen müssen.[161] Ob es dabei zwischen dem hoyaer Ausschuss und der dänischen Armee zu ernsthaften Gefechtshandlungen gekommen ist, bleibt unbeantwortet. Jedenfalls wurde nun erstmals ganz Hoya in diesem Krieg von fremden Truppen besetzt.
Inzwischen waren die kaiserlich-ligistischen Truppen, von Minden und Hameln kommend, den abziehenden Dänen nur langsam gefolgt und zunächst bis nach Stolzenau vorgerückt. Dort war eine Besatzung von 250 dänischen Soldaten verblieben, die den Auftrag hatte, die kleine Festung nachhaltig zu verteidigen. Tilly ließ Stolzenau sofort angreifen. Der Widerstand der Dänen gegen die kaiserliche Armee währte nur kurze Zeit. Bereits am 20. August 1625 haben die dortigen Kapitäne Pless und Abraham kapituliert und mit ihren Truppen freien Abzug erhalten. Der Festungskommandant, Abraham, sei bei seiner Rückkehr in das dänische Hauptquartier in Verden aber vor ein Kriegsgericht gestellt und wegen Feigheit vor

---

[161] Eschen, a.a.O., S. 35.

dem Feinde gehängt worden, während Pless lieber gleich in kaiserliche Dienste übertrat.[162] Anschließend griff Tilly Nienburg an und besetzte, offenbar kampflos, Wölpe und Rethem. Die in Nienburg verbliebene dänische Besatzung unter Oberst Limbach wehrte sich aber drei Wochen lang erfolgreich gegen alle Angriffe. Mangels ausreichender Belagerungsgeschütze konnten die kaiserlichen Truppen die Festungswälle an keiner Stelle überwinden. Im Gegenzug konnten die belagerten Dänen und der nienburger Ausschuss, das sogenannte „wählige Rott", sogar erfolgreiche Ausfälle gegen die Belagerer unternehmen. Das zu dieser Zeit offenbar stark von dänischen Truppen besetzte Hoya - so quartierte der Herzog von Weimar seine gesamte Reiterei (unter dem Kommando des Generalleutnants Michael Obentraut - dem „Deutschen Michel"), die bei Nienburg einen Ausfall gegen Tillys Truppen gemacht hatte und nun erholungsbedürftig war, in Hoya ein - griff Tilly dagegen nicht

---

[162] Gade, Geschichte des Fleckens Stolzenau, S. 63.

an.[163] Obentraut[164] hatte am 3. September bei Leseringen eine von Tillys Truppen gebaute Schiffsbrücke in Brand stecken können, und damit die Belagerer, die nun nicht mehr beliebig das Ufer wechseln konnten, erheblich geschwächt.

Der dänische König habe sich im August und September abwechselnd in Verden und Hoya aufgehalten, während die dänische Armee hier Verstärkungen von viertausend Mann aus England und Frankreich erhielt. Der Syker Drost beschwerte sich derweil am 9. September 1625 bei einem Oberstleutnant von Sterlingk, der damals in Bücken sein Hauptquartier hatte, darüber, dass dessen (dänische) Reiterei ebenfalls plünderte und die Bauern im Amt Syke daher einige seiner Soldaten hätten gefangen nehmen müssen. Dem Generaloberst der dänischen Kavallerie, dem Herzog von Weimar, wurde von Christian IV. sogar ganz verboten, seine offenbar wenig disziplinierte Reiterei im Amte Syke verweilen zu lassen. Diese Truppen standen also offenbar in

---

[163] Opel, Band 2, S. 282.

[164] Michael Obentraut, geb. 1574, hatte bereits in den Türkenkriegen gedient und 1620 an der Schlacht am Weißen Berg teilgenommen. Er genoß im protestantischen Lager geradezu mythische Verehrung und fiel bereits am 25. Oktober 1625 bei Seelze.

„Frontnähe" (zwischen Hoya und Nienburg) und versorgten sich gewaltsam im Hinterland. Nachdem die Dänen (durch den nicht ganz geschlossenen Belagerungsring der kaiserlichen Verbände hindurch) nach Nienburg auch noch Verstärkungen hatten bringen können, brach schließlich das ganze dänische Heer am 11. September von Hoya aus gegen Nienburg auf. Ein rascher Angriff, den General Obentraut mit der dänischen Kavallerie ausführte, und welcher der kaiserlich-ligistischen Armee zweitausend Mann Verluste eingebracht haben soll, habe Tilly bewogen, die Belagerung Nienburgs am 14. September 1625 - nach Gesamtverlusten von mehr als sechstausend Mann - aufzugeben und sich südwärts zurückzuziehen. Die Dänen entsetzten Nienburg und eroberten anschließend auch noch Stolzenau zurück. Am 30. September stieß auch wieder der Tolle Christian, der seit August 1623 vom niedersächsischen Kriegsschauplatz verschwunden war, mit seiner verbliebenen Armee in Stärke von nur noch etwa eintausend Mann zum dänischen Heer.[165]

Die Dänen, da zwischen ihnen und dem offiziell neutralen Fürstentum Celle kein Kriegszustand herrschte, behandelten die von ihnen besetzten Gebiete zunächst gut und verhielten

---

[165] Decken, a.a.O., S. 158.

sich – auch wenn in Hämelhausen geplündert worden war – wohl weitgehend diszipliniert. Als dem dänischen König Ende August 1625 aus aufgefangenen Briefen aber bekannt wurde, dass Herzog Christian von Celle mit dem Kaiser und Tilly fortdauernd in gutem Einverständnis handelte, gab er die Lüneburger Lande seinen Soldaten durch öffentlichen Aufruf für einige Tage zur Plünderung preis. Das taten die Dänen wohl auch ausgiebig, wobei sie ihre Beute dadurch zu Geld machten, dass sie diese anschließend wieder an die beraubte Bevölkerung zurück verkaufte. Eine erbeutete Kuh sei für drei, ein Ochse für vier Reichstaler verkauft worden.[166] Das Fürstentum Celle wurde also zumindest vorübergehend wie erobertes Land behandelt.

Der Herzog in Celle ließ seinen Bruder, den (ehemaligen) Kreisgeneral Herzog Georg, dagegen die noch unbesetzten Städte Celle, Gifhorn und Winsen stärker befestigen und sandte den zuvor in Hoya stationierten Hauptmann Meretig mit einhundert Infanteristen zur Besetzung des Schlosses in Winsen an der Luhe. Gleichzeit unterhandelte Georg nun aber mit Tilly über seinen Eintritt in die kaiserliche Armee, da der Kaiser die welfischen

---

[166] Klopp, Onno, Tilly im Dreißigjährigen Krieg, Band 1, Stuttgart 1861, S. 264.

Herzogtümer immer stärker dazu drängte, sich offiziell an dem gegen Dänemark ausgebrochenen Krieg („Reichskrieg") auf Seiten des Kaisers zu beteiligen, andernfalls sie nach der Devise „wer nicht für mich ist, ist gegen mich" als Feind des Reiches zu behandeln seien.[167] In enger Absprache mit seinem Bruder in Celle hielt Georg es wohl für ratsam, sich den Kaiser nicht zum Feind zu machen und durch sein eigenes Engagement entsprechendes Entgegenkommen zu signalisieren. Gleichzeitig konnte das Fürstentum Lüneburg-Celle weiterhin offiziell neutral bleiben.

Zu größeren Gefechten kam es zunächst nicht mehr. Die Dänen konnten noch die Stadt Hannover, nach längeren Verhandlungen und auf freiwilliger Basis, mit einer kleinen Garnison versehen, während die Kaiserlichen Hameln und das restliche Calenberger Land hielten, wo die Truppen dann zur Winterruhe übergingen.

3. Das Wüten der Pest, Dezember 1625

Im Dezember des Jahres 1625 beschwerte sich Celle bei dem dänischen König darüber, dass nun auch wieder Truppen des Grafen Mansfeld (der ja von England frisch ausgerüstet in

---

[167] Decken, a.a.O., S. 166-171.

Holland gelandet war und gleichfalls die dänischen Interessen teilte bzw. auf Befehl seiner Geldgeber teilen musste) in einige zu seinem Fürstentum gehörende - aber nicht namentlich einzeln genannte - Ämter eingefallen seien. An dieser Stelle ist im Schriftwechsel nun auch erstmals von weitergehenden Kriegsgräuel die Rede: Die Mansfelder hätten nicht nur alles Vieh weggenommen, sondern die Menschen *„ohne Unterschied und Ursache jämmerlich erschossen, zerquetscht, gesengt, am Feuer gebraten und ihnen die Ohren abgeschnitten"*. Ob es sich dabei um Tatsachen oder nur um „Hörensagen" handelt, lässt sich nicht feststellen. Auffällig ist aber, dass der Herzog, anders als bei seinen Beschwerden in den vorangegangenen Jahren, keine konkreten Einzelheiten zu Orten und Personen nennt. Der dänische König ließ jedenfalls wissen, das Mansfeld nicht unter seinem Befehl stehe und ihn diese Sache daher nichts anginge.

Noch vor Sylvester zogen die Mansfeldschen Truppen aber glücklicherweise Richtung Elbe ab[168], während Herzog Georg Anfang Januar 1626 nun offiziell in kaiserliche Dienste trat. Seinem Bruder in Celle erklärte er, das er nur so den Fortbestand der welfischen Länder und

---

[168] Klopp, a.a.O., S. 282.

die Herbeiführung des Friedens erreichen könne.

Im Amt Hoya war die Lage zur Jahreswende 1625/1626 ruhig, um nicht zu sagen: „totenstill". So hatte sich die Pest, vor der Frese bereits im Herbst 1624 geflohen war, Ende des Jahres 1625 nochmals ausgebreitet und nun offenbar schlimmer denn zuvor gewütet. Drost Arnim von Hodenberg und Amtmann Henning Riebe berichteten am 7. Januar 1626,[169] dass der vom Herzog aus Celle entsandte neue Befehlshaber, der Kapitän Dietrich Precht[170], eingetroffen sei. Da „das Haus" aber noch vom dänischen Kapitän Damitz aus dem Regiment Limbach besetzt sei, dessen wenige verbliebene Soldaten im Flecken logierten, könne Precht dort derzeit nicht untergebracht werden. Da der *„größte Teil"* der Bürger, Frauen und Kinder im Flecken inzwischen aber gestorben wäre und ihre Häuser und Katen leer ständen, könne man den Precht wohl leicht anderweitig unterbringen. Die „Infektion" sei inzwischen, weil ohnehin nicht mehr viele Bürger und Soldaten am Leben geblieben seien, *„ziemlich gestillt"*. In den letzten zwei

---

[169] NLA HA Celle Br. 10, Nr. 89, Blatt 34.

[170] Es dürfte sich um denselben Dietrich Precht handeln, der Ende 1622 bereits in Hoya wirkte und damals noch als „Landcapitän" bezeichnet worden war.

Monaten wären wohl nach Schätzung des Drosten „mindestens" 1700 Einwohner des Amtes verstorben. Zu diesen 1700 müsse man allerdings, so der Drost, wenn man die Zahlen richtig erkennen wolle, noch die etwa eintausend ebenfalls verstorbenen (wahrscheinlich dänischen) Soldaten hinzurechnen. Da die beiden (!) Kirchhöfe in Hoya zu klein für diese Massen von Toten gewesen wären, seien einige der Verstorbenen einfach im Feld verscharrt worden. So heißt es wörtlich: *„So dass fast das ganze Flecken einem allgemeinen Kirchhof ähnlich ist."* Auch wenn die Seuche nun vorüber wäre, wüte in Hoya dafür aber jetzt eine Hungersnot. Hin und wieder würde man die Menschen auf der Straße einfach vor Hunger *„umfallen und sterben"* sehen.

Auch wenn unbekannt bleibt, welche Einwohnerzahl das Amt vor Ausbruch der Pest hatte, so wird die von Willi Schreiber (s.o.) für den Flecken Hoya genannte Zahl von einem Drittel der Bevölkerung, die an der Pest verstorben sei (wenn auch nicht allein im Jahre 1624), durch die Angaben des Drosten deutlich gestützt. Das damalige Deutsche Reich hatte (berechnet auf die Grenzen von 1914) im Jahr 1618 etwa 18 Millionen Einwohner[171] und damit gut ein Fünftel der heutigen Bevölkerung.

---

[171] www.heiliges-römisches-reich.de/bevölkerung.

Die heutige Samtgemeinde Grafschaft Hoya, zuzüglich der Gemeinden Asendorf und Martfeld (und damit also das damalige Amtsterritorium), umfasst knapp 24.000 Menschen. Bei gleicher Quotierung von etwa 5:1 ergäbe sich für das Amt Hoya im Jahre 1618 demnach eine Bevölkerung von annähernd 5000 Einwohnern. Soweit also von Drost und Amtmann eine Zahl von 1700 Gestorbenen genannt wird (und nicht ersichtlich ist, weshalb diese Zahl übertrieben sein sollte), entspricht das tatsächlich einem Drittel der damaligen Bevölkerung.[172]

Die dänische Armee schickte sich derweilen an, auch die im immer noch neutralen Fürstentum Lüneburg-Celle liegenden Städte Celle, Winsen und Gifhorn zu belagern. Umso mehr war Herzog Christian in Celle nun geneigt, seine Truppen, als Gegenmaßnahme gegen die dänische Invasion, ebenfalls dem Kaiser zur Verfügung zu stellen.

Herzog Friedrich-Ulrich in Braunschweig-Wolfenbüttel paktierte dagegen ganz unverhohlen mit den Dänen (Christian IV. war sein Schwiegervater) und stellte ihnen die stärkste Festung des Landes, Wolfenbüttel, zur Verfü-

---

[172] Anderer Meinung nach sei es aber geradezu „absurd", wenn behauptet würde, dass die Hälfte der Menschen in der Grafschaft Hoya damals an der Pest gestorben wäre (vgl. Schweringen, a.a.O., S. 82).

gung. Während das Fürstentum Lüneburg-Celle also weiterhin neutral (mit guten Beziehungen zum Kaiser) blieb, stand Braunschweig-Wolfenbüttel dem Kaiser nun offiziell als Kriegsgegner gegenüber. Demgemäß musste das Fürstentum Braunschweig-Wolfenbüttel auch dringend weiter rüsten. Im März 1626 schrieb Herzog Friedrich-Ulrich aus seiner Festung Neustadt an (seinen) Obristen und Kriegskommissar Johan von Nerprodt. Er teilte ihm mit, dass sich in Neustadt der „getreue" Johan von Bergen gemeldet und angefragt habe, ob ihm wohl eine *„Capitainschafft über eine Companie unseres Landausschusses unserer Grafschaft Hoya"* anvertraut werden möge. Er, der Herzog, würde das sehr befürworten, da von Bergen durchaus qualifiziert sei.[173]

Während Wolfenbüttel sich also gegen die Kaiser stellte, tat Celle das Gegenteil: Auf das Gesuch des Herzogs von Celle, „seine" Grafschaft Hoya (insoweit sprachen also sowohl Celle wie auch Wolfenbüttel jeweils von „ihrer" Grafschaft, obwohl sie damals jedem der beiden Fürstentümer nur gut zur Hälfte zustand) von der immer noch fortwährenden dänischen Einquartierung zu befreien, wurde der kaiserliche General Graf Gallas tatsächlich mit einem Armeekorps dorthin geschickt, der

---

[173] NLA HA Cal. Br. 16, Nr. 1073.

die dänischen Truppen, mit Ausnahme der Besatzungen in den „Festungen" Hoya und Nienburg, erfolgreich vertrieb und „der Grafschaft Hoya", als jetzt befreundetem Territorium, sogar einen Schutzbrief ausstellte.[174] Tilly selbst nahm währenddessen nach langer Gegenwehr am 30. Mai 1626 die zum Fürstentum Braunschweig-Wolfenbüttel gehörige Stadt (Hannoversch) Münden ein. Die überlebenden Verteidiger wurden erschlagen und ihre Leichen in die Weser geworfen. Sodann bestürmte Tilly (das ebenfalls zu Wolfenbüttel gehörende) Göttingen.
Am 17. August 1626 kam es schließlich in Südniedersachsen, bei Lutter am Barenberge, zur Entscheidungsschlacht zwischen den Dänen und dem Kaiser. Die Kaiserlichen siegten und die dänische Armee zog sich eilig nordwärts zurück. Bereits am 2. September 1626 kam Tilly auf der Verfolgung in Neustadt/Rübenberge an, zog am 12. des Monats weiter nach Rethem/Aller, ließ dort eine Besatzung zurück und rückte vor bis nach Verden. Der Feldmarschall Graf Anholt erhielt ein anderes Ziel zugewiesen und zog zum zweiten Male nach Hoya, wo er ja bereits im Herbst 1623 „logiert" hatte. Da Hoya noch von dänischen

---

[174] Decken, a.a.O., S. 210.

Truppen besetzt war, entschloss sich Anholt zum Angriff.

4. Einnahme Hoyas durch kaiserliche Truppen, September 1626

Die zeitgenössische Literatur berichtet, dass Graf Anholt Hoya innerhalb von 24 Stunden mit 60 Kanonenschüssen erobert und die Festung anschließend schleiffen lassen habe.[175] Der „Wall" um das Schloss sei von ihm gänzlich „demoliret" worden.[176] *Er habe Hoya innerhalb 24 Stunden mit ungefähr 60 halben Cartaunen auf Gnade und Ungnade erobert.*[177] *„Das Hauß Hoya (…) dem Ihre Excell. Herr Graf von Bronckhorst zu Anholt, General Veldmarschalck selbst unlängst in 24 Stunden mit ungefehr 60 halbe Carthaunenschüß auff Gnad und Ungnad*

---

[175] Eberhard Wassenberg, Der Ernewerder Teutsche Florus Wassenberg, Frankfurt 1647, S. 114.

[176] Nikolaus Helwig, Beschreibung aller gedenckwürdigen Historien, Geschichten und Händel, Frankfurt 1648, S. 490.

[177] Liborius Vulturnus, Kurtze Erzehlung aller fürnembsten Händel, o.O., 1634, S. jii.

solchs erobert unnd die damaln gewesene Fortification abgeworffen."[178]
Der hoyaer Kirchenvorsteher Frese würdigt die Rückeroberung Hoyas nur eines lapidaren Satzes, wonach der Herzog und Graf Tilly *„de Hoya"* zum ersten mal wieder eingenommen hätten. Von den Kampfhandlungen berichtet er nicht.[179]
In anderen Literaturfundstellen heißt es: *„Anhold griff mit einigen Regimentern an und die dänische Besatzung habe sich nach heftigem Bombardement ergeben. Daraufhin habe Anhold das Schloss mit einem Hauptmann und zwei Kompanien besetzen lassen."*[180] Am 25. September 1626 schreibt der – nunmehr kaiserliche General - Herzog Georg an seinen Bruder nach Celle, dass sie mit Gottes Hilfe „die" Hoya wieder erobert hätten. Dem General Tilly sei das durchaus schwer gefallen, da er gleichzeitig mehrere Orte mit seiner Armee besetzen muss-

---

[178] Gaspar Ens, Fama Austriaca. Das ist, eigentliche Verzeichnuß denckwürdiger Geschichten, Köln 1627, S. 894.

[179] Eschen, a.a.O., S. 35.

[180] Wilhelm Görges, Vaterländische Geschichten und Denkwürdigkeiten der Vorzeit mit vielen Abbildungen der Lande Braunschweig und Hannover, Braunschweig 1845, S. 131.

te. Seine Exzellenz (Tilly) erbitte nun freundlich diese „*Festung*" wieder mit Munition und Proviant zu versehen. Herzog Christian möge daher 30 Zentner Pulver und „*etzliche tausend Pfund Brot*" herbeischaffen lassen. Zudem solle er bitte verordnen, dass, da „*die Festung ziemlich verderbt*" worden sei, auch etzliche hundert Untertanen mit „*Schüppen und Spad(t)en zur Reparierung desselben Ortes*" abgeordnet werden mögen. Herzog Christian antwortete am 27. September aus Celle, dass, da nunmehr die gesamt Weserlinie in der Hand befreundeter Truppen sei, in Bremen Pulver gekauft und per Schiff nach Hoya herangeschafft werden solle. Hinsichtlich der benötigten Arbeitskräfte habe er die Beamten in Hoya und Neu-Bruchhausen angewiesen, den dortigen Untertanen entsprechende Arbeitseinsätze unverzüglich „*ansagen*" zu lassen.[181]
Es kann folglich davon ausgegangen werden, dass Hoya irgendwann zwischen dem 13. und 24. September 1626 von kaiserlichen Truppen erobert worden ist. Da Herzog Georg zu dieser Zeit als General in kaiserlichen Diensten stand, was von seinem Bruder, dem regierenden Herzog von Lüneburg-Celle zumindest wohlwollend geduldet wurde, handelte es sich also faktisch – auch wenn das Fürstentum Lü-

---

[181] NLA HA Celle Br. 11, Nr. 118.

neburg-Celle offiziell nach wie vor Neutralität wahrte – um eine „Befreiung" Hoyas durch befreundete Einheiten.

5. Rückeroberung Hoyas durch die Dänen, November 1626

Die Dänen waren aber noch längst nicht geschlagen. Während Tillys Armee Anfang November 1626 bereits weitgehend zur Winterruhe überging, brach der dänische König noch einmal zu einer Gegenoffensive auf. In der Absicht die immer noch mit einer dänischen Besatzung versehene (und von den Kaiserlichen erneut belagerte) Stadt Nienburg zu entsetzen, rückte er mit einem „bedeutenden Truppenkorps" von Stade, wohin er nach der verlorenen Schlacht von Lutter zunächst geflüchtet war, nach Verden vor.[182] Nachdem eine rasche Eroberung Verdens aber nicht gelang, zog seine Armee nach Rethem/Aller, um von dort aus das von zwei Kompanien kaiserlicher Soldaten besetzte Hoya anzugreifen.

Fest steht, dass die Dänen Hoya erneut erobern konnten. Allerdings schwanken die Angaben darüber, wann genau und unter welchem Aufwand ihnen dies gelang:

---

[182] Decken, a.a.O., S. 237.

„*Aus dem dänischen Reiche sammelte der Prinz Christian viertausend Mann, die er selbst zu seinem Vater führte, und darauf zur Entsetzung der Stadt Nienburg gebrauchte. Endlich beschloss der König diesen Feldzug mit einem plötzlichen Einfall in den vom Tilly besetzten Flecken Hoya, und eroberte denselben nebst dem Schlosse am zwölften December nach einem zweymahl wiederholten Sturme, in welchem er selbst einen Schuß in den Arm empfieng. Darauf brante er die Weserbrücke in diesem Flecken ab, und hemmte dadurch die bisherigen Einfälle seiner Feinde in das bremische Stift.*"[183]

In einer Literaturfundstelle aus dem 17. Jahrhundert wird die Eroberung wie folgt beschrieben: „*Als nun der könig sein sachen als er vermeinet wider in Besserung bracht, hat er ihm vor genommen das Fürstliche Schloß Hoya den Tyllischen wider abzunehmen, meinte auch solches leichtlich zuverrichte, weil der Wall vom Graffen von Anhold der solch Schloß zuvor innerhalb 24 Stunden erobert hatte, demoliret war. Aber er hat gleichwohl 7 gantze Tage damit zubracht, 1000 Schüsse aus Stücklein darauff gethan und 4 Sturm darvor verloren. Er der König selbst ist in die lincke Schultern geschossen und sein Elter Sohn an*

---

[183] Fortsetzung der Allgemeinen Welthistorie durch eine Gesellschaft von Gelehrten, 33. Theil, Halle 1770, S. 287.

zwey orthen verwundet worden, das man ihn nach Holstein hat führen müssen, und der General Spee neben vielen guten Soldaten gar Tod davor blieben, endlich hat es die Besatzung weil es wegen der vielen Schüsse gar zerfallen wolte, dem König übergeben."[184]

In zwei noch etwas älteren Literaturfundstellen heißt es: *„Bald darauff hat der König eine Impressa auff das Haus Hoya an der Weser vorgenommen und vermeiner durch ein Stratagema selbigen Orts sich zu bemächtigen. Welches er den 12. Decembris ins Werck zu setzen understangen: aber es ist ihm mißlungen, also daß er den Sturmb für die Hand nehmen müssen, da dann der erste auch abgeschlagen wurde, aber im andern wurden die Dänen Meister, unnd bekamen das Schloß in ihren Gewald. Die Tyllische hatten sich in das innere Theil desselben reterirt, allda sie accordirt, weil es aber zu lang gewartet, konnten sie nichts anders erlangen, als daß ihnen der Abzug nur mit ihren Seitengewehren vergönnet ward. Im Schloß wurden zwar große Beuthen gefunden, aber die Eroberung hat auch manchen tapffern Mann gekostet, sind auch viel darbey verwundet worden. Dahero gedachtes Schloß fast ganz ruinirt und die Brück*

---

[184] Nikolaus Helwig, Beschreibung aller gedenckwürdigen Historien, Geschichten und Händel. Frankfurt/Main, 1648, S. 490.

über die Weser abgebrandt worden."[185] Die andere Fundstelle lautet: *„Darauf alsbald das Haus Hoya, so zumaln in keiner Defension gestanden, angreiffen lassen. Weiln aber Männer daruaff gewesen, nemblich: Commandant daselbst Herr Francois du mont St Floy, anhaltisch unnd Herr von Röterich, Gallasischen Regimenter Hauptleute, hat der König 7 Tage dafür liegen bleiben unnd continuiirlich über 1000 Schuß darauff thun müssen, seind ihm vier unterschiedene Anlauff und Stürme darfür abgeschlagen worden, darbey der Oberst Sper, so die infanteria commandirete, neben vielen andern Officirern und über 600 Soldaten geblieben."*[186]

Bei dem genannten „St Floy" dürfte es sich wohl um denselben Hauptmann St. Eloy gehandelt haben, der ja bereits 1624 lange Zeit im Amt Hoya „beheimatet" war. Er wurde gemeinsam mit seinen Offizierskameraden alsbald gegen gefangene Dänen ausgetauscht. Auch Freses Hausbibel erwähnt, dass ein

---

[185] Johann Philipp Abelin, Theatrum Europaeum, oder, ausführliche und wahrhafftige Beschreibung aller und jeder denckwürdiger Geschichten. Frankfurt, 1643, S. 934.

[186] Liborius Vulturnus, a.a.O., S. jii.

Hauptmann St. Eloy sich tapfer gegen die Dänen gewehrt habe.[187]

Recht wortgleich, aber noch etwas ausführlicher schildert das gleiche Geschehen auch bereits eine Quelle aus dem Jahre 1627: *„Darauff alsbald das Hauß Hoya, so zumaln in keiner Defension gewesen (sintemal nach dem Ihre Excell. Herr Graf von Bronckhorst zu Anholt, General Veldmarschalck selbst unlängst in 24 Stunden mit ungefehr 60 halbe Carthaunenschüß auff Gnad und Ungnad solchs erobert unnd die damaln gewesene Fortification abgeworffen) angreiffen lassen, weiln aber andere Leut darauff gewesen, als nemlich Commendant daselbsten Herr Francois du Mont S. Floy, Gräflichen Anholtischen unnd Herr von Söterich, Galassischen Regimenter Hauptleuth, hat der König Sieben Tag darvor liegengeblieben unnd Continuierlich über tausend Schüß auß Stücken darauff gehen lassen müssen, seynd ihme vier verschiedene Anläuff und Sturmb abgeschlagen worden, darbey der Obrister Spee, so an statt deß Obristen Fuchs die Infanteria commandirt, neben vielen Officirern und etlich hundert Soldaten auff dem Platz geblieben und der alte König selbst einen verwundeten Arm darvon getragen. Endlich aber als das Hauß gäntzlich zerschossen, gleichsam ruinam minitieret, unnd kein nüzlichkeit gewesen zu halten, selbiges erobert, die Hauptleut und Offici-*

---

[187] Bösche, a.a.O., S. 3.

rer gefangen hinweg genommen, die Soldaten aber dienst zunemen gezwungen, haben sich aber bereit großen theils davon gemacht unnd widerkommen, und ist der König neben seinem zur Crondestinirten Sohn unnd seiner Macht damit in aller eylden 21. und 22. huius in der nacht fortgezogen, wie man bericht wird von den widerkommenden auch etlichen Gefangenen mit solcher Angst, da ein jeder gern voran seyn wolte, bis sie an den halben Leib dardurch setzten.[188]

Bei Merian heißt es im Jahre 1654: „*Noch dasselben Jahrs auff Martini Abend haben Ihre königliche Majestät zu Dennemarck, Christian der Vierdte, sich wiederumb mit vielem Volcke für dieses Schloß gemacht, es bis in den sechsten Tag hefftig beschossen und die Mauern an einer Seite, wie es annoch zu sehen, niedergefället, also, das nach starker gegenwehr der Keyserlicher Befehlshaber sich ergeben müssen. Als aber Ihre königliche Majestät erfahren, daß Herrn Herzog Georgen zu Braunschweig-Lüneburg Fürstl. General nebenst dem General Grafen Tilly mit ganzer Heeresmacht das Schloß zu entsetzen heran gekommen, haben sie, nachdem vorher der Vorhoff des Schlosses sampt dem Vorwerk, Brücken, auch dem Adeligen*

---

[188] Gaspar Ens, Fama Austriaca. Das ist, eigentliche Verzeichnuß denckwürdiger Geschichten, Köln 1627, S. 894.

und andern Gebäuden des Fleckens angezündet worden, sich nacher Verden reteriret."[189]
Die Erstürmung „der" Hoya durch die Dänen ist über Berthold Brechts Theaterstück „Mutter Courage" sogar bis in die gegenwärtige Literatur gelangt. Brechts Quelle wiederum war der „Trutz Simplex" des Hans Jacob Christoffel von Grimmelshausen, in welchem Mutter Courage über das Schicksal ihres Ehemanns, eines kaiserlichen Hauptmanns klagt: *„Nach diesem lutterischem Treffen / nahmen wir Steinbruck / Verden / Langenwedel / Rotenburg /Ottersberg und Hoya ein / in welchem letzt-genannten Schloß Hoya / mein Mann mit etlichen Commandirten Völckern ohne Bagage muste liegen bleiben; Gleichwie mich aber sonst nirgends keine Gefahr von meinem Mann behalten konte / also wolte ich ihn auch auf diesem Schloß nitallein lassen / aus Furcht / die Läuse möchten mir ihn fressen / weil keine Weibsbilder da waren /so die Soldatesca gesäubert hätte; unsere Bagage aber / verblieb bey dem Regiment / welches hingieng die Winter-Quartier zu geniessen / bey welcher ich auch verbleiben / und solchen Genuß hätte einziehen sollen. So bald nun solches bey angehendem Winter geschehen / und Tilly dergestalt seine Völcker zertheilet / sihe da kam der König in Dennemarck mit einer Armee / und wolte im Winter widergewinnen*

---

[189] Merian, a.a.O., S. 124.

/ was er im Sommer verlohren; er stellte sich Verden einzunehmen / weil ihm aber die Nuß zu hart zu beissen war / liesse er selbige Stadt liegen / und seinem Zorn am Schloß Hoya aus; welches er in 7. Tagen mit mehr als tausend Canon-Schüssen durchlöchert / darunter auch einer meinen lieben Mann traff / und mich zu einer unglückseeligen Wittib machte."[190]

In der „Geschichte Christian des Vierten, Königs in Dänemark",[191] wird nur kurz über die Ereignisse berichtet: *„Und noch vor Ausgang des Jahres nahm der König die Festung Hoya, deren Besatzung seine Winterquartiere beschwerte mit Sturm zurück, nachdem ein Anschlag sie zu überrumpeln, mislungen war. Bey dieser Unternehmung war es, daß der König einen Schuß in den linken Arm empfieng. Doch ward die Wunde bald geheilt, indem der Knochen unbeschädigt geblieben war. Das Schloß ward bey dieser Gelegenheit gänzlich verwüstet und die Weserbrücke abgebrennt."*

Der Autor erkennt anhand der älteren Literatur bereits den Widerspruch zwischen den Daten, ob diese Eroberung nun im Oktober oder Dezember erfolgt sei. Er hält es für möglich, das Hoya durch die Dänen gegebenenfalls auch zweimal, nämlich einmal im Oktober

---

[190] Grimmelshausen, Hans Jakob Christoffel, Trutz Simplex. Utopia, Nürnberg 1670, S. 109, 110.

[191] Slange, a.a.O., S. 294 f.

und ein weiteres Mal im Dezember erobert worden ist. So sei nicht auszuschließen, dass dieses mit einem Entsatzversuch für Nienburg zusammenhinge.

In einer längst vergessenen Novelle wird der Angriff gleichfalls behandelt: *„Es stieß der älteste Sohn des Königs, Prinz Christian, mit einer Verstärkung von 4.000 Mann frischer Kerntruppen zum Vater, und da der Prinz vor Begierde brannte, sich Lorbeeren zu erwerben, so griff der König zur Offensive. Am 12. November brach er auf und drang bis nach Rethem und Hoya vor, welche Orte im Besitze der Kaiserlichen waren. Fünf Tage lang wurde Hoya gestürmt, wobei der König am linken Arm verwundet wurde, während Prinz Christian zehn Schußwunden davon trug. Am 21. November übergab Hoya sich auf Gnade oder Ungnade. Die Offiziere der Besatzung wurden zu Gefangenen gemacht und die Soldaten in die Regimenter vertheilt. Während das Heer jetzt Winterquartier nahm, begab sich der König nach Stade zurück."*[192]

An anderer Stelle heißt es, dass Christian IV. bis zum 2. November in Stade durch ein schottisches Regiment und weitere viertausend von seinem Sohn geworbene Soldaten verstärkt worden und dann über Zeven und Ottersberg

---

[192] Eduard Meyer, Christian IV. und sein Geschlecht, Historische Novelle, Lüchow 1861, S. 202.

nach Rethem gezogen sei. Von dort aus habe er Verden angegriffen, es aber bei einer kurzen Beschießung belassen, um sodann die von Graf Anholt in Nienburg belagerten dänischen Truppen zu entsetzen. Auf dem Weg dorthin wollte er zuerst das von nur dreihundert kaiserlichen Soldaten gehaltene Hoya einnehmen, was aber erst nach fünftägiger Belagerung gelungen sei.[193]

Inzwischen wird davon ausgegangen, dass die Dänen das Schloss von Nordosten, aus der Kirchstraße heraus, beschossen haben.[194] Die Kanonen hätten durch den der Schlossmauer vorgelagerten Erdwall („Schanze") und die östlich des Schlossturms gelegene Mauer eine „Bresche" geschossen.[195]

Frese teilt in seinen Notizen dazu knapp mit, dass der König Hoya wieder mit Gewalt eingenommen und, ebenso wie der Prinz, in seinem Haus am Bakelberg „gelegen" habe. Während der Gefechte sei ein Oberst gefallen und viele Häuser wären abgebrannt. Von den in den älteren Literaturfundstellen erwähnten großen dänischen Verlusten ist aber nicht die Rede. Dagegen wird im Translationsstreit von

---

[193] Opel, a.a.O., S. 577.

[194] Schreiber, a.a.O., S. 12.

[195] Bösche, a.a.O., S. 5.

den Bücker Kirchenjuraten im Jahre 1647 (in ihrem Streit über die Kirchzugehörigkeit der Einwohner der Langen Straße, den „Leuten auf dem Steinweg") ebenfalls erwähnt, dass der dänische König im Jahre 1626 „die Hoya" sechs Tage lang belagert und dann erobert habe (und sich natürlich auch in dieser Zeit allein der Bücker Pastor um die Leute auf dem Steinweg kümmerte).[196]

6. Herzog Georg kommt, November 1626

Die neuere Geschichtsschreibung geht davon aus, dass der dänische König – nach der Eroberung Hoyas durch seine Truppen - am 14. November 1626 davon erfahren habe, dass ein kaiserliches Armeekorps unter dem Kommando des Herzogs Georg in Rethem angelangt sei, um Hoya zu entsetzen. Daraufhin befahl der dänische König den Rückmarsch seiner Truppen auf bremisches Gebiet. Die Infanterie sollte dazu mittels der Fähre in Barme vom rechten auf das linke Ufer der Weser übersetzen, während die Kavallerie durch eine nicht weit davon entfernte Furt gehen sollte. In der

---

[196] NLA HA Celle Br. 61a, Nr. 5126.

Dunkelheit hätten aber mehrere Reiter diese seichte Stelle verpasst und seien ertrunken.[197]
Görges „Vaterländische Geschichte" geht ebenfalls von einem freiwilligen Rückzug der Dänen aus: *„Kam der König von Dänemark, Christian IV., mit einem bedeutenden Heerhaufen vor das Schloß, beschoß es sechs Tage lang, und zertrümmerte an der einen Seite die Mauern, so daß die Kaiserliche Besatzung den Platz übergeben mußte. Als aber Christian IV. erfuhr, Herzog Georg sei mit Tilly im Anzuge, steckte er den Vorhof des Schlosses, das Vorwerk, die Brücke, so wie die adeligen Gebäude und andere Häuser des Fleckens in Brand, und zog sich nach Verden zurück."*[198]
Nach anderer Meinung habe Herzog Georg „das Haus Hoya" wieder im Kampf erobert und die dänische Besatzung erst dann ehrenvoll abziehen lassen.[199] Bei Opel heißt es dagegen: *„Vor Hoya bekam König Christian IV. selbst einen Schuss durch den rechten Oberarm, auch sein Sohn und mehrere höhere Offiziere wurden verwundet. Nach fünftägiger Belagerung nahm er Schloss und Stadt ein. Allein in der Nacht zum 22. November wendete er sich, auf die Kunde von dem Herannahen des Herzogs Georg oder der plötzlich*

---

[197] Decken, a.a.O., S. 238.

[198] Görges, a.a.O., S. 131.

[199] Liborius, a.a.O.,S. jiii.

einfallenden großen Kälte wegen nach Stade zurück."[200]

Heinrich Gade[201] lässt den Grund des dänischen Abzugs dagegen offen. Danach habe der dänische König mit 10.000 Mann Infanterie und 4.000 Kavalleristen zunächst erfolglos Verden und sodann Hoya belagert. *„An Martini*[202] *des Jahre 1626 bedurfte es einer siebentägigen Belagerung und vier vergeblichen Sturmangriffen, ehe die große Beschädigung der Schlossgebäude und der Einsturz einer Festungsmauer die Besatzung zur Übergabe gezwungen hätten."* Die Dänen hätten eintausend Tote zu verzeichnen gehabt und vor ihrem Abzug den Vorhof des Schlosses, das Vorwerk, die Burgmannshöfe und die (hölzerne) Weserbrücke verbrannt.

Die vorhandenen Quellen sind insoweit also uneins, ob die Eroberung durch die Dänen fünf, sechs oder sieben Tage gedauert hat, ob sie im November oder Dezember erfolgte, ob der König am rechten oder linken Arm verwundet wurde und ob sich die dänischen Verluste auf „mehrere Hundert" oder gar bis zu eintausend Gefallene belaufen haben. Richtig ist wohl jedenfalls, dass die Weserbrücke zer-

---

[200] Opel, a.a.O., Band 2, S. 578.

[201] Gade, a.a.O., S. 174.

[202] 11. November.

stört wurde und die Eroberung des Schlosses zu nicht unerheblichen Verlusten geführt hat. Fraglich ist insoweit natürlich, wo die Dänen ihre – auch wenn den in den Quellen genannten sehr hohen Zahlen wohl mit einer gewissen Skepsis zu begegnen sein dürfte - sicherlich über einhundert Gefallenen beigesetzt haben (was für die eigenen Gefallenen - im Gegensatz zum wenig christlichen Umgang mit gegnerischen Kriegsopfern, die, wie bei der Eroberung Mündens durch die Kaiserlichen, einfach in die Weser geworfen wurden – auch durchaus üblich war). Als „Sieger" der Belagerung wird es sicherlich genügend Zeit zumindest für eine Bestattung in einem Massengrab gegeben haben, von dem aber – soweit ersichtlich – nichts bekannt ist.

Besonders verwunderlich ist indessen, dass sich zu diesen Ereignissen zwar mehrere Literaturfundstellen, dagegen aber fast keinerlei Archivalien (zumindest keine, die einen entsprechenden Titel ausweisen) finden. Während die Ereignisse von 1623/1624 reichlich durch Aktenvorgänge belegt sind, finden sich zu den dramatischen Vorgängen der Jahre 1625/1626 weder Berichte des Amtmannes, noch des Drosten. Eine Erklärung für diese Divergenz lässt sich nicht greifen. Beachtlich ist aber die Breite der literarischen Beschäftigung mit der „Schlacht" um Hoya. Weder vor noch nach 1626 kam Hoya zu einer solchen Beachtung, was sich wohl nicht nur damit erklärt, dass hier „königliches Blut" floss, sondern dass Hoya im Spätherbst dieses Jahres für einige Tage einen Kristallisationspunkt des Kriegsgeschehens bildete.

7. Dänische Raubzüge, Mai 1627

Nachdem die lüneburgischen Truppen, im Bündnis mit dem Kaiser, Hoya wieder besetzt hatten, blieb das Umfeld noch längere Zeit unruhig. Im Winter 1626/1627 hatte sich die Front zwar weserabwärts bis nach Langwedel und Etelsen, wo sich die Dänen erneut verschanzten, verschoben. Mehrere Festungen in den von Tilly bereits eroberten Landstrichen waren aber weiterhin von den Dänen besetzt, die zunächst auch überall kleinere Angriffe der kaiserlichen Armee erfolgreich abschlagen konnten. Im Frühjahr des Jahres 1627 hoffte Christian IV. zudem immer noch, seine Offensive gegen die Truppen Tillys wieder aufnehmen zu können, zumal er von seinen Verbündeten aus England, Schottland und Holland frische Regimenter zugeführt bekam.

Nienburg war von einem dänischen Regiment unter dem Oberst von Limbach (der Nienburg bereits im Herbst 1625 erfolgreich gegen Tillys ersten Angriff gehalten hatte) besetzt geblieben und wehrte auch im Frühjahr 1627 noch alle Eroberungsversuche durch kaiserliche Truppen ab. Oberst Lardiin Isaak von Limbach war zunächst von 1621 bis 1623 Obristleutnant unter Graf Ernst von Mansfeld gewesen. Im Dezember 1621 war er Kommandant der mansfeldisch-pfälzischen Garnison von Deidesheim, wo er zum Jahresende vor den ihn belagernden ligistischen Truppen kapitulieren musste. Von November 1622 bis August 1623 war er dann Kommandant von Meppen und seit 1625 Oberst in dänischen Diensten.[203] Da die Festung Nienburg aufgrund der durch die kaiserlichen Truppen abgeschnittenen Nachschubwege aber unter Versorgungsmängeln litt, entschloss sich Limbach (angesichts des nur schwachen Belagerungsrings) durch bewaffnete Ausfälle in das Umland Lebensmittel und Arbeitskräfte zu erbeuten.

Die Akte NLA HA Celle Br. 10 Nr. 117 enthält einen Bericht über solche durch Oberst Limbach von Nienburg ausgehende Plünderungen der Flecken Ahlden, Bücken und Hoya. Im Februar 1627 sei zunächst, morgens früh um sieben Uhr, das ganze dänische Regiment mit eintausend Mann zu Fuß in Ahlden erschienen

---

[203] www.30jaehrigerkrieg.de/limbach, in: Warlich, Der Dreißigjährige Krieg in Selbstzeugnissen, Chroniken und Berichten.

und habe sofort mit der systematischen Plünderung des Ortes begonnen. Jede Gegenwehr der Einwohner sei im Keim erstickt worden. Der Amtsschreiber sei von den Soldaten verwundet und zwei Frauen erschossen worden. Die Dänen hätten sämtliche Kühe, Ochsen, Kälber und alles sonstige Vieh sowie einige Einwohner Ahldens, die sie als Geiseln und Arbeitskräfte zum weiteren Ausbau der Festungswerke in Nienburg benötigten, mit sich genommen.

Drei Monate später folgte ein gleicher Raubzug gegen den Flecken Hoya. Mit etwa fünfhundert Mann „zu Roß und Fuß" sei der Oberst Limbach am 27. Mai 1627, wohl von Hassel aus kommend, auf Hoya gerückt. *„Als er den Flecken noch mit Wasser umgeben gefunden"* (Sommerhochwasser), habe er eine Kompanie Dragoner hindurchreiten und den Vorwerkhof sowie den Steinweg besetzen lassen, berichtete der Amtmann in Hoya in einem nach Celle gerichteten Schreiben vom 28. Mai. Im Steinweg sei alles, was nicht niet- und nagelfest war, geplündert worden: Kisten, Kästen und Fenster habe man mitgenommen und sämtliche Verpflegung die *„so etzliche arme Leuthe zu ihrer Uffenthaltung noch gehabt"* hinfort genommen. Der Oberst von Limbach habe gedroht, für den Fall, dass die Bürger sich wehren sollten, den ganzen Steinweg *„in die*

Asche" zu legen. Die *„hiesige Besatzung"* habe sich, da sie nicht gewusst habe, wie groß die feindliche Streitmacht war, zunächst auf dem Schloss verschanzt und vom Turm, dem Österreich aus, Schüsse abgegeben. Erst bei Abrücken der dänischen Truppe habe man noch den Diener des Oberst von Limbach nebst dessen Leibroß, Zaumzeug, Säbel und Pistole erbeuten und einen anderen zurückgebliebenen dänischen Soldaten „niederschiessen" können. Der gefangene Diener gab sodann zu Protokoll, das die Dänen jederzeit auf Verstärkung aus Bremen und Langwedel hofften und der Flecken Hoya, sobald das Hochwasser abgelaufen wäre, mit erneutem Besuch zu rechnen habe. In den folgenden Tagen gab es im Amt Hoya noch weitere Plünderungen durch Limbachs Truppe. So sei im Kirchspiel und Flecken Bücken und den zugehörigen Orten, ebenso wie in Martfeld und Asendorf, etliche Tage lang „ebenmäßig verfahren" worden. Den Untervoigt von Asendorf hätten die Dänen *„gefänglich"* mit sich nach Nienburg genommen.

In einem Antwortschreiben vom 31. Mai wünschte die herzogliche Regierung, das der Amtmann zur Abwendung künftigen Schadens, im Benehmen mit dem Kommandanten Reichart in Hoya, noch weitere Befestigungsmaßnahmen vornehmen solle.

Die Hannoversche Chronik hält (allerdings unter dem Datum des 14. Mai 1627, da hier noch der alte vorgregorianische Kalender in Gebrauch war) zu dem Vorfall fest: *„Den 14. Maii hat der Obriste Limbach in Nienburg einen Anschlag auf die Hoya gehabt, welcher so weit gerathen, daß er viel Viehe von der Hoya weg bekommen. Ob nun wohl die Tillische ihn verfolget, hat er dieselben in einen Hinterhalt gelocket, umringet, sie geschlagen und das Viehe in Nienburg gebracht."*[204]

Schlimmer als Hoya traf es im Sommer aber den Flecken Stolzenau, in welchem bis dahin - wie in Nienburg - noch immer eine kleine dänische Besatzung verblieben war. Die Kaiserlich eroberten den Ort binnen vierzehn Tagen u.a. mittels Beschusses von glühenden Kanonenkugeln. Deren Einsatz führte vor Ort zu einem Großfeuer, so dass am Ende im ganzen Flecken nur noch zwei Häuser stehen geblieben sein sollen.[205]

Die Hauptkampfhandlungen hatten sich mittlerweile aber längst weiter nordwärts bis an die Elbe verlagert. Im Juni griffen die Dänen

---

[204] Hannoversche Chronik. Im Auftrag des Vereins für Geschichte der Stadt Hannover herausgegeben von O. Jürgens, Hannover 1907, S. 447.

[205] Heinrich Gade, Geschichte des Fleckens Stolzenau an der Weser, Nienburg 1871, S. 65.

nach längerer Belagerung die lüneburgische Stadt Winsen/Luhe an, die von dem sich zäh verteidigenden Hauptmann Meretig gehalten wurde. Dieses Gefecht war zugleich die erste offene Kriegshandlung zwischen Dänemark und Celle. Da die Bürgerschaft aber nicht zu den Waffen greifen und Meretigs Männern helfen wollte, musste dieser sich mit seinen Soldaten auf das dortige Schloss zurückziehen. Die Dänen plünderten und verbrannten daraufhin die Stadt, ließen das besetzte Schloss aber unangetastet. Im Gegenangriff eroberte General Tilly dafür Boitzenburg und Lauenburg, ehe er, Herzog Georg und der kaiserliche General Wallenstein schließlich ihre Heere auf dem rechten Elbufer vereinigten, um einen Großangriff auf das dänische Herzogtum Holstein in die Wege zu leiten. Auch längs der Weser mussten sich die Dänen gegenüber Graf Anholts Truppen im Laufe des Jahres 1627 immer weiter zurückziehen und hielten schließlich allein noch die Stadt Stade, wo ihnen englische Truppen noch zur Seite standen.[206]

Zuvor konnten die Dänen aber noch einmal auf dem westlichen Weserufer nach Süden vorstoßen. Sie kamen bis Bruchhausen, wo sie am 1. August 1627 „das schön gebaute Haus",

---

[206] **Hannoversche Chronik, S. 460.**

die Vorwerke und den ganzen Flecken verbrannten,[207] bevor sie sich wieder nordwärts zurückzogen. Mit dieser Nachricht enden auch die vom hoyaer Kirchenjuraten Frese in seiner Hausbibel geführten Notizen. Im Herbst des Jahres 1627 konnten die kaiserlichen Truppen die Dänen dann ganz aus Niedersachsen herausdrängen und sogar bis nach Jütland vorstoßen.

Im Hinterland eroberten die Kaiserlichen im Sommer des Jahres zunächst noch das von den Dänen gehaltenen Wölpe und gingen dann zum Angriff auf Nienburg über. Da traf im Spätherbst die Nachricht ein, dass Oberst Limbach, nachdem sich der Belagerungsring um Nienburg immer enger zog und der Angriff bevorstand, kapituliert habe. Limbach selbst starb noch 1627 in der inzwischen übergebenen Stadt. *„Die Dänische Besatzung in Nyenburg hat sich zwar eine geraume Zeit gegen die Käyserische tapffer gehalten / und ihnen nicht wenig zu schaffen gemacht / als aber endlich sie so hart blocquirt worden / daß keine Proviant mehr hinein gebracht werden können / über das die Pest darinnen hefftig grassiret / welche unter andern auch den Obristen Lymbach / so über die Besat-*

---

[207] Der Feind im Lande (o.A), in: Der InspektionsBote, Monatsblatt für die Gemeinden des Hoyaer Landes, 1922-1924, S. 10.

zung Commandirt / weggenommen / und sie also nicht länger Widerstand thun können / haben sie mit den Käyserischen accordirt / die Vestung übergeben und den 16. Novembris außgezogen."[208]
Tillys Stellvertreter, Graf Anholt, *„ließ, als ihm die Stadt geöffnet ward, den Leichnam des Obristen Limpach aus seinem Grabe nehmen, und im freyen Felde verscharren, eine Beschimpfung die vor den Augen der ehrliebenden Welt auf ihn selbst zurückfiel."*[209]
Damit waren die unmittelbaren kriegerischen Ereignisse für Hoya vorerst erneut beendet. Die Dänen, mittlerweile an allen Fronten geschlagen, schieden als Kriegspartei aus und schlossen 1629 mit dem Kaiser ihren Frieden. Dennoch zog die kaiserliche Armee nicht von der Weser ab. Das Amt Hoya musste weiterhin die drückenden Kontributionen bezahlen, da Tillys Truppe sich, auch wenn es sich um eine „befreundete" Armee handelte, aus den „besetzten Gebieten" verpflegen ließ. Zwar entließ der Herzog in Celle zum Jahresende 1628, um Geld zu sparen, seine eigenen lüneburgischen Truppen.[210] Dagegen blieben aber zu-

---

[208] Abelin, a.a.O., S. 980; Hannoversche Chronik, a.a.O., S. 458.

[209] Slange, a.a.O., S. 331.

[210] Decken, a.a.O., S. 309.

mindest die Festungen an der Weser weiterhin von kaiserlichen Garnisonen besetzt.

D. Der Niedersächsisch-Schwedische Krieg

1. Hoya unter kaiserlicher Besatzung

Die Besatzungszeit im Amt Hoya ist in den nächsten Jahren recht unspektakulär verlaufen. Dazu findet sich erstmals unter dem 15. Dezember 1627 eine Mitteilung Herzog Christians in Celle gegenüber dem Amt Hoya, wonach er mit dem kaiserlichen General Graf Tilly eine Einigung über die Besatzung Hoyas mit höchstens 25 Soldaten erzielt habe. Tilly hätte wohl gerne noch mehr Truppen in das Schloss gelegt, das Amt und der Herzog befürchteten aber offenbar eine Überlastung der Amtseinwohner durch die damit verbundenen Unterhaltungskosten. Zudem habe der Herzog dem General Tilly nunmehr gestattet, über den gewöhnlichen Zoll, den vorüberziehende Schiffe auf der Weser in Hoya ohnehin an das Amt entrichten mussten, einen gewissen „Überzoll" für die Unterhaltung seiner Truppe zu beanspruchen.

Am 18. Februar 1628 beantragte der hoyaer Bürger Ulrich Becker bei seinem Herzog eine Ausnahmegenehmigung zum Ausschank fremden Bieres.[211] Er schildert, dass der Flecken Hoya teils abgebrannt, teils niedergerissen und nun gänzlich verdorben sei. Sein eigenes Wohnhaus auf dem Steinweg sei mit allen anderen Häusern dort, *„jenseits der Weser"*, herunter gerissen, das nichts als der *„ledige Platz"* übrig geblieben sei. Da der ganze Flecken Hoya nun *„wüst und öde"* und auch in etlichen Jahren nicht wieder *„in Stand"* zu bringen sei, bitte er darum, ihm zum Gelderwerb eine Schankgenehmigung zu erteilen, damit er in der Wohnung eines anderen Bürgers Bier und Wein ausschenken könne.

Am 8. Mai 1628 beschwert sich der Herzog brieflich bei dem kaiserlichen Oberstleutnant *„Hans Jacob von Edelstedt"*[212] in Nienburg darüber, dass dieser bei einer Truppenablösung nun wohl doch eine wesentlich größere Anzahl Soldaten nach Hoya geschickt habe als vereinbart: *„Wir befinden aber, das die Anzahl der*

---

[211] NLA HA Celle Br. 61a, Nr. 5141.

[212] Hans Jacob von Edelstetten, war ab 1633 Oberst und nahm mit seinem Regiment an der Schlacht von Nördlingen teil, vgl. www.30jaehrigerkrieg.de/edelstetten, in: Warlich, Der Dreißigjährige Krieg in Selbstzeugnissen, Chroniken und Berichten.

Soldaten und Officiere dermaßen hoch, daß geforderte wöchentliche Unterhalt uf dieselben des Ortes itzigem fast armseligen verderbten Zustande nach, nicht erfolgen kann."

Dieser selbst vom eigenen Herzog so unverblümt genannte „armselige und verderbte" Zustand war also wohl das Ergebnis der Pest und der durch die Kampfhandlungen verursachten Schäden, zu denen es aber offenbar keine genauere Auflistung oder Zusammenstellung gibt. Dem Amtsschreiber und Zöllner in Hoya teilte der Herzog jedenfalls tagglich und gleichlautend mit, dass es bei den 25 Soldaten und einer wöchentlichen Kontribution von 38 Reichstalern bleiben solle. Zudem solle der bisherige Überzoll, der nur vorübergehend genehmigt gewesen sei, nicht mehr erhoben werden, um die dringend notwendige Ausweitung des Frachtverkehrs – der unter dem Überzoll offenbar erheblich litt - nicht weiter zu hemmen. Ferner erkundigte sich der Herzog wegen eines Schiffes, welches ein Johan Kolckmann in Hilgermissen wahrscheinlich für den Grafen Tilly gefertigt habe. Der Amtsschreiber solle sich nach der Ursache der Beauftragung zum Schiffsbau erkundigen, den Kolckmann einbestellen und vernehmen und sodann berichten.[213] Die Antwort auf diese

---

[213] NLA HA Celle Br. 72, Nr. 376.

Anfrage und die genaueren Hintergründe des erwähnten Schiffsbaues sind nicht erhalten geblieben.

Nur drei Wochen später, am 28. Mai 1628, tat der damalige hoyaer Amtmann, Baltasar Gödemann, gegenüber seiner Regierung in Celle seinen Unmut kund: Er könne wegen der *„armen und ganz zu Grunde gerichteten Untertanen"* nicht umhin zu berichten, wie die *„armen sehr verstörten Leute aufgrund der fast übermäßig gesteigerten Contributionen in Elend, Hunger und Not ihre Seelen aufgeben, so sie nicht in unwiederbringlichem Verderben und Verwüstung"* leben müssten. Die Kontributionen sollten nach Wunsch des Amtmanns daher umgehend gänzlich abgeschafft werden; zumindest dürften sie sich nicht noch erhöhen.

Dem Amt Hoya ist es dabei, weil es zum neutralen Fürstentum in Celle und nicht zum „kaiserfeindlichen" Fürstentum Wolfenbüttel gehörte, wohl vergleichsweise gut ergangen. Im calenbergischen (damals zu Wolfenbüttel gehörigen) Amt Wölpe hätten die kaiserlichen Truppen unmittelbar nach dem Abzug der Dänen elf Dörfer weitestgehend zerstört. Ebenso sei es dem zum Amt Neustadt gehörende Dorf Rodewald ergangen.[214] Solche Verheerungen sind aus dem Amt Hoya nicht bekannt.

2. Hoyas verlorene Kostbarkeiten

Das Amt Hoya blieb entgegen Gödemanns Wunsch natürlich weiterhin kontributionspflichtig. Anderer Schriftwechsel aus dem Jahre 1628 ist aber, abgesehen von einer Bücherversendung, nicht bekannt. Unter dem 23. November 1628 übersandte der ja bereits im Jahr zuvor in Hoya kommandierende kaiserliche „und churbayrische" Hauptmann Hans

---

[214] W. Soltmann, Geschichte des Kirchspiels Eitzendorf bei Hoya, Braunschweig 1905, S. 112. Ob diese Angaben stimmen, ist aber durchaus umstritten. Nach anderer Ansicht seien nur Hagen und Linsburg in Flammen aufgegangen und Rodewald sei in der Literatur mit Rodenberg am Deister verwechselt worden (Schweringen, Ortsteile Schweringen - Holtrup - Eisse, 850 Jahre, eine Gemeinde an der Weser, Eystrup 1989, S. 81).

Georg Andreas Reicharts[215] Herzog Christian in Celle 237 einzeln aufgelistete Bücher aus dem Schloss zu Hoya.[216] Darunter war etwa jedes fünfte Buch mit einer Drucklegung von vor 1582 verzeichnet und stammte mithin wohl noch aus der ursprünglichen gräflichen Bibliothek. Unklar bleibt, aus welchem Grunde die Bücher verschickt worden sind und welches Schicksal sie im Weiteren genommen haben. Aufgrund der exakten Auflistung der einzelnen Exemplare könnte sich aber wohl gegebenenfalls auch heute noch der Verbleib dieser Bücher in diversen Bibliotheken aufklären lassen.

Etwa ein Jahr später war sodann ein weiterer Verlust auf dem Schloss zu verzeichnen: Am 10. Oktober 1629 berichtete der neue Amtmann zu Hoya, Johann Locke, an seinen Herzog in Celle, dass vor etwa sechs Wochen, bei der jüngsten „Malaise" durch das „Wallensteinsche Volk", eine auf dem Schloss gelegene Truhe, von den zu dieser Zeit dort als Wache

---

[215] Reicharts war 1626 Kapitän im Regiment Gallas in Bentheim und 1632 Obrist-Wachtmeister (Major) im Regiment Savelli in Dessau: www.30jaehrigerkrieg.de/reicharts, in: Warlich, Der Dreißigjährige Krieg in Selbstzeugnissen, Chroniken und Berichten. Sein weiteres Schicksal ist unbekannt.

[216] **NLA HA Celle Br. 44, Nr. 7.**

gelegenen Soldaten, aufgebrochen und geplündert worden sei. Der Obrist-Wachtmeister und Kommandant in Nienburg, Johann von Westrem, dem die in Hoya gelegenen Truppen unterstanden, habe mittlerweile in Erfahrung gebracht und dem Amtmann mitgeteilt, welche zwei seiner Soldaten dafür verantwortlich seien. Diese hätten mit dem Wassermüller von Hoya, einem Mann namens Curdt Zinne, gebürtig aus Bismark/Altmark, gemeinsame Sache gemacht. Der Wassermüller habe einen Nachschlüssel zu der Truhe auf dem Schloss besessen und die Soldaten zum Diebstahl angestiftet.

Locke bestellte sich, nachdem er den Beamten Frantz-Dietrich von der Borg in Kenntnis gesetzt hatte (der jedenfalls sechs Jahre später als Drost in Hoya fungierte), daraufhin den Wassermüller auf das Amt und verhörte ihn dort. Der Wassermüller habe gestanden, so Lockes Bericht, dass ihm zwei Soldaten ein Paket mit Kleidungsstücken unaufgefordert in sein Haus gebracht hätten. Angestiftet habe er sie aber nicht. In der nächsten Nacht hätten dieselben Soldaten dann bei ihm eingebrochen und das Paket sowie andere Kostbarkeiten gestohlen.

Da der Amtmann diese Aussage für vollkommen unglaubwürdig hielt, nahm er den Wassermüller zunächst in Haft. Am *„letzten Dienstag"*, berichtete er weiter, sei dann, während er selbst für drei Tage dienstlich von Hoya abwesend gewesen sei, ein Dragoner aus der Garnison Nienburg in Hoya erschienen und habe von den Amtsdienern die Herausgabe des gefangenen Wassermüllers begehrt. Das hätten die Beamten aber abgelehnt, zumal der Dragoner weder schriftliche Befehle noch sonstige Ausweise habe vorlegen können. Am Mittwoch sei derselbe Dragoner dann in Begleitung eines Gefreiten wieder erschienen und habe nun, namens seines Kommandanten in Nienburg, ultimativ die sofortige Übergabe des Curdt Zinne gefordert. Sie hätten Befehl, den Wassermüller *„tot oder lebendig"* nach Nienburg zu bringen. Dennoch hätten die Beamten die Herausgabe wegen der Abwesenheit ihres Amtmannes erneut verweigert. Daraufhin hätten die beiden Soldaten zu den Waffen gegriffen und die Beamten bedroht. Dann hätten sie gewaltsam das Schloss des Gefängnisses aufgebrochen und den Schließer mit einer Hellebarde *„und anderem Gewehr"* genötigt, dem Gefangenen die Beinschlösser zu öffnen. Alsdann hätten sie den Wassermüller mit sich nach Nienburg entführt.

Dieses Vorgehen des Militärs gegen das Amt, so beschwerte sich Locke, sei ein *„ungeheuerlicher Exzess"*, der umgehend durch die Regierung zu strafen sei. Außerdem müsse der Nienburger Kommandant den Wassermüller unverzüglich wieder nach Hoya überstellen, da allein das Amt für dessen Bestrafung zuständig wäre.

Unter dem 16. Oktober schrieb die herzogliche Kanzlei in Celle an den Obrist-Wachtmeister von Westrem in Nienburg. Man habe in Celle mit nicht geringer Befremdung vernommen, was in Hoya passiert sei. Da man sich die Ursache solchen Vorkommnisses nicht erklären könne, habe der Herzog zunächst die *„gnädige Gesinnung"*, dass der Gefangene unverzüglich wieder nach Hoya zurückgebracht werde und der Kommandant sodann seinerseits berichten möge.

Am nächsten Tag hatte Frantz-Dietrich von der Borg eine Übersicht über die entwendeten Sachen und deren Verbleib fertiggestellt. Es habe sich um 4 Ellen schwarzen Atlas, einen Seidenmantel, einen mit Kamelhaar überzogenen Mantel und ein Dutzend sonstige kostbare Tücher gehandelt. Diese seien nach seinen Erkenntnissen offenbar sämtlich in (Hannoversch) Münden an einen Juden, einen Schneider und verschiedene andere Bürger, zu Preisen zwischen fünf und elf Talern, verkauft worden.

Der nienburger Kommandant lieferte den Wassermüller tatsächlich umgehend nach Hoya zurück. Mit Schreiben vom 25. Oktober entschuldigte sich von Westrem bei dem

Amtmann für die Vorfälle und kündigte an, denselben Gefreiten, der den Müller entführt hatte, umgehend wieder mit dem Gefangenen nach Hoya zu senden. Der Amtmann in Hoya wollte den Gefangenen jetzt aber zunächst nicht wieder annehmen, bis Celle ihm dann eine schriftliche Rücknahmeverfügung zukommen ließ. Am 29. Oktober berichtete von Westrem dann gegenüber dem Herzog in Celle über seine Sicht der Dinge. Er sei, als seine Soldaten den Wassermüller aus Hoya entführt hätten, in Hamburg gewesen. Offenbar hätten seine Soldaten die von ihm hinterlassenen Befehle, sich um die Angelegenheit zu kümmern, missverstanden. Er werde den Gefreiten, der den Wassermüller geholt habe, sogleich schwer bestrafen. Im Übrigen seien aber alle Anschuldigungen und Unterstellungen des Amtmanns falsch. Seine Soldaten, so von Westrem, hätten in Hoya immer strikte Disziplin gehalten und keiner von ihnen habe den Wassermüller bestohlen. Die herzogliche Regierung möge bitte diese nichtigen Klagen des Amtmanns, der den Soldaten gegenüber offenbar feindselig eingestellt sei, abstellen.

Eine Woche später übersandte von Westrem dem Amtmann, den er mit *„treusten und wohlgelehrten, meinem sonders guten Freund"* titulierte, die bis heute gut erhaltenen nienburger Vernehmungsprotokolle des Wassermüllers und der beiden des Diebstahls verdächtigen Soldaten. Der Wassermüller blieb darin bei seiner Aussage: Er kaufe für die Wassermühle Korn an, verkaufe es nach dem Mahlen wieder und backe auch Brot. Die beiden Soldaten seien eines Tages auf ihn zugekommen, angeblich mit dem Auftrag Korn zu mahlen. Sie hätten ihm Sachen zur Verwahrung gegeben, seien dann nachts bei ihm eingebrochen und hätten ihn bestohlen. Von allem anderen wisse er nichts. Die vernommenen Soldaten namens Georg Wetzer und Henning Scheper schilderten die Sache ganz anders: Sie hätten den Wassermüller während ihrer Wache auf dem Schloss kennen gelernt. Er habe sie angestiftet, die Sachen aus der Truhe zu holen. Das hätten sie in Unkenntnis der wahren Eigentumsverhältnisse, denn der Müller habe einen Schlüssel gehabt, dem Müller zuliebe getan. Ansonsten seien sie ganz unschuldig.

Am 2. November 1629 teilte die Regierung in Celle dem Amtmann in Hoya abschließend mit, das der Wassermüller *„für eine gewöhnliche Weile"* im Gefängnis bleiben solle. Da aber kein anderer guter Mann für das Müllerhandwerk hier bekannt sei, solle er dann aber beizeiten auch ruhig wieder entlassen werden.[217]

---

[217] **NLA HA Celle Br. 61a, Nr. 5143.**

Kaum war der Amtmann mit dieser Angelegenheit fertig geworden, drohte von anderer Seite Ungemach: Der Kaiser hatte seine Bemühungen einer Gegenreformation weitergeführt und war nach wie vor bestrebt, auch in Norddeutschland den katholischen Glauben nach Kräften zu unterstützen. Das Restitutionsedikt vom März 1629, das unter den protestantischen Reichsständen zu neuem Aufruhr führte, bildete die Grundlage zur Wiederherstellung der vorreformatorischen Verhältnisse. Sämtliche in den evangelischen Gebieten nach 1552 aufgelösten und entweder verstaatlichten oder privatisierten Klöster, Stifte oder sonstigen Kirchengüter sollten der (katholischen) Kirche zurückgegeben werden. In diesem Zusammenhang wurde im Jahr darauf auch Herzog Christian von Celle durch den katholischen Würdenträger Franz Wilhelm von Wartenberg (vom Papst gleichzeitig auch als Bischof von Verden bestätigt) als gewählter Bischof von Minden endgültig verdrängt. Sogleich gingen die neuen Machthaber auch daran, die evangelischen Pastoren in diesen rekatholisierten Bistümern zu verjagen.

In der Grafschaft Hoya, da sie zum westfälischen Reichskreis gehörte, wurde im Auftrag des Kölner Kurfürsten durch eben jenen Franz Wilhelm von Wartenberg Ende 1629 demgemäß eine Überprüfung der Rechts- und Eigentumsverhältnisse vorgenommen. Dazu forderte eine katholische Kommission zur Umsetzung des vom Kaiser erlassenen Restitutionsedikts alle jetzigen Inhaber ehemaliger geistlicher Güter der gesamten Grafschaft Hoya im November 1629 nach Nienburg, um den Erwerb und die Rückabwicklung zu klären.[218] Allein die Tatsache einer solchen Vorladung führte unter den Landständen zu erheblicher Unruhe. Letztlich brachte der weitere Kriegsverlauf dann aber doch jegliche Restitutionsbemühungen zum Erliegen.

3. Beschwerden gegen den neuen Amtmann

Ende März 1630 richteten die *„untertänigen und gehorsamen Bürger"* des Fleckens Hoya eine Beschwerdeschrift an ihren Herzog zu Celle: *„Nun hat es die Beschaffenheit, daß das Flecken auf beiden Seiten der Weser belegen und wegen Erkauffung Bier, Brod, Fisch, Hering und was sonst jedem vorfällt, der eine oft zu dem anderen hin und her muß."* Weil aber *„keine Brücke vorhanden"*, müsse mit Fähren und Schiffen übergesetzt werden. Die Brücke sei allezeit von der Obrigkeit, die dafür alle Zölle und Wegegelder

---

[218] Hartmut Bösche, Holste und Hoya, Hoya 2015, S. 426.

bekam, erhalten worden. Wenn einmal die Brücke gefehlt habe, sei es von alters her geübter Brauch gewesen, „von Amts wegen" Schiffe und Flösse einzusetzen, ohne dass dafür jemals Gebühren hätten entrichtet werden müssen. Der neue Amtmann Johann Locke habe in Hoya jetzt aber trotzdem einfach ein neues Fährgeld, sowohl für das Übersetzen von Personen wie von Vieh, eingeführt.

Des Weiteren beschwerten die Bürger sich auch über den Amts- und Zollschreiber Jürgen Dieckmann (der ja bereits 1624 als Amtsschreiber fungierte). Der betreibe in seinem Haus eine Bierschenke, *„welche vornehmlich auf die Schiffleuthe angesehen"*. Damit verstoße er aber, da er als Beamter ja kein Bürger sei, gegen das der Bürgschaft erteilte Privileg zum Bierausschank. Zudem entrichte er mit seiner „Zollschenke" wohl auch nicht die dem Herzog zustehenden Bierabgaben. Die *„bürgerlichen Krüge"*, die man seitens der Bürgerschaft nun betreibe - weil das Rathaus abgebrannt und so bald nicht wieder errichtet werde - würden aber von jeder Tonne ausgeschenktem Bier dem Herzog getreulich ihre *„Acczise"* zahlen.[219]

Die herzogliche Kanzlei reagiert ganz im Sinne der Bürger und wies den Amtmann im April

---

[219] NLA HA Hann. 88 B, Nr. 2827, Blatt 301.

1630 an, die Fährgelder wieder abzuschaffen und den Amtsschreiber und Zöllner „ernstlich" aufzufordern, seine Nebentätigkeit zu beenden.

Das hoyaer Rathaus war wohl erst aufgrund einer im Jahre 1606 erteilten Privilegierung erbaut worden. Unter dem 20. September 1606 hatte die Bürgerschaft bei ihrem Herzog beantragt, das von ihnen angekaufte Bürgerhaus, das sich *„an der Balge zwischen dem Vorwerk und den Bürgerhäusern"* befinde, zu einem Rathaus und Ratskeller umzuwidmen. Dort wollten sie sodann gegen Zahlung einer *„gehörigen Acczise"* Wein und *„fremdes Bier"* ausschenken. Zudem beantragte man die Bewilligung einer Erhöhung des Neubürgergeldes: *„Zur Abschaffung des häufigen Zulaufs allerhand armen und leichten Gesindels"* sollte das Bürgergeld – das zur Erlangung der vollen Bürgerrechte an den Flecken zu zahlen war - von bislang fünf Bremer Mark auf zwanzig Reichstaler erhöht werden. Diese Bürgergelder wollte man zur Hälfte dem Haushalt und zur anderen Hälfte den Bürgermeistern und dem Rat zuwenden, da diese mit den Verwaltungsgeschäften zwar viel Arbeit aber davon *„keinen Vorteil"* hätten. Der Herzog genehmigte dem Flecken damals beide Wünsche: *„Dieweil Bürgermeister und Rath unseres Flecken Hoya sich beklaget, das ihre Vorfahren kein Rathaus, darin sie ihre Zusammen-*

künfte und Ratschlege gehalten und auch kein Rathskeller, da frembt Bier geschenkt worden were, erbauet, und gebeten ihnen zu erlauben, das sie ein Rathaus und Ratskeller bauen und darauf nach Gelegenheit Wein und frembdes Bier schenken möchten, zu bauen auf die Stette, so sie von Heinrich Windelkens Erben gekauft..."

Dem Flecken wurde im Zusammenhang mit der Bauerlaubnis der Ausschank von *„Bremer Bier, Hannoverschem und Nienburger Broihan, Mindener Bier"* und *„Mumme"* erlaubt. Dafür dürften aber *„Privatpersonen"* in Hoya nun kein fremdes Bier mehr ausschenken.[220] Als Ausgleich wurde den Bürgern in Hoya dafür gestattet Weißbier zu brauen und dieses nicht nur im Flecken sondern im ganzen Amt zu verkaufen (was wiederum den Einwohnern außerhalb des Fleckens nicht erlaubt war). Das Rathaus wird also wohl nach 1606, eventuell im Jahre 1613[221] seinen Betrieb aufgenommen haben. Nach dem 1626 von den Dänen verursachten Brand des Rathauses mussten Bürgermeister und Stadtrat aber wieder in einem „Krug", also einer Gastwirtschaft, tagen. Gebaut worden war das Rathaus, der obigen

---

[220] NLA HA Celle Br. 72, Nr. 156/1.

[221] Vgl. Niedersächsisches Städtebuch, herausgegeben von Erich Keyser, Stuttgart 1952, S. 207, wonach die Bauerlaubnis erst aus dem Jahre 1613 datiere.

Ortsbeschreibung nach, wohl ungefähr an der Stelle, an der auch heute wieder das aus dem Jahre 1914 stammende Rathaus (das 1914, nachdem der „alte" Ratskeller aus dem Jahr 1758 im Jahre 1912 abgebrannt war, zunächst als Kreishaus des damaligen Kreises Hoya gebaut worden ist) am Schlossplatz steht.

4. Zuständigkeitsstreit

Der Amtmann Locke hatte kurze Zeit später mit Verbrechern zu tun und beschwerte sich im Frühjahr 1630 gegenüber dem Drost Dietrich Behren („*Drost auf Hoya in Celle*") über die „Flut" an Verbrechen und Vergehen, *„das kein ehrlicher Mensch auch nur eine Stunde mit den seinigen in Frieden verbringen"* könnte.

Anlässlich eines Besuchs in Stendern habe er erfahren, dass dort am Tag zuvor ein Raubüberfall durch vier Soldaten der kaiserlichen Armee erfolgt sei. Einer der vier Soldaten sei aus Stendern gebürtig, ein anderer, ein Corporal namens Harm Siemers, stamme gebürtig aus Wechold. Die Räuber hätten sich nach Wietzen zurückgezogen, wo sie wohl im Quartier lagen. Der hoyaer Amtmann ließ daher seinem nienburger Amtskollegen den Vorfall zuständigkeitshalber, da Wietzen zum Amt Nienburg gehörte, mit der Bitte um Verhaftung der Räuber melden. Der nienburger

Amtmann war schnell erfolgreich und lieferte die beiden aus dem Amt Hoya stammenden Täter zwecks Bestrafung dorthin zurück. Kaum hatte Johann Locke diese beiden Soldaten aber in Hoya inhaftiert, als bei ihm ein Bote mit der Nachricht eintraf, wonach der Kompaniechef der beiden Täter, ein kaiserlicher Hauptmann in der Armee des Grafen Anholt, seine beiden Männer zum Regiment nach Nienburg zu überstellen ersuchte. Als Begründung für seine Forderung ließ er wissen, dass allein das Regiment, nicht aber der celler Amtmann für die Bestrafung der Soldaten zuständig sei.

Johann Locke war dagegen der festen Überzeugung, dass, da es sich um eine Straftat gegen Zivilisten handele, allein er als Vertreter der herzoglichen Obrigkeit den Männern den Prozess machen dürfte. Vorsichtshalber fragte er aber doch in Celle um eine Entscheidung an, zumal es sich bei dem kaiserlichen Hauptmann um den Sohn des lüneburgischen Kanzlers Raschel handele und ein Zuständigkeitsstreit zwischen ziviler Verwaltung und Militär durchaus zu gefährlichen *„Weiterungen"* führen könnte.[222] Wie dieser Kompetenzkonflikt letztlich ausging, ist der Akte leider nicht zu entnehmen.

---

[222] NLA HA Celle Br. 61a, Nr. 5145.

5. Die Schweden kommen, Juni 1630

Ende Juni 1630, als König Gustav-Adolf von Schweden in den Krieg eintrat und mit seinem Heer in Pommern landete, ersuchte Herzog Georg von Lüneburg - der wieder rechtzeitig bemerkte, dass sich die Kriegslage erneut gravierend ändern würde - um seinen Abschied als General der kaiserlichen Armee.[223] Noch im Herbst des Jahres unterhandelte er mit dem schwedischen König und trat Anfang 1631 dann offiziell in dessen Dienste. Georgs Bruder, der in Celle immer noch regierende Herzog Christian der Ältere, bewahrte hingegen auch jetzt weiterhin gegenüber jedermann die Neutralität seines Fürstentums.

Hintergrund dieses erneuten „inoffiziellen" Parteiwechsels war offenbar die Befürchtung, dass der Kaiser große Teile, wenn nicht sogar die gesamten welfischen Lande, im Zuge der von ihm verfolgten Restitutionspolitik anderen Fürsten bzw. seinen verdienten Generälen zuschlagen würde. So war der General Wallenstein als „Herzog von Friedland" mit dem Herzogtum Mecklenburg, dessen vorherige Herzöge sich deutlich gegen den Kaiser gestellt hatten, belehnt und das von Braunschweig-Wolfenbüttel mitregierte (Teil-)Fürstentum Calenberg bereits dem General Graf

---

[223] Decken, a.a.O., S. 300.

Tilly verpfändet worden. Zudem sollte auch das seit mehr als einhundert Jahren vom (Gesamt-) Herzogtum Braunschweig-Lüneburg gehaltene Gebiet des Stifts Hildesheim (das sogenannte Große Stift) aufgrund des kaiserlichen Restitutionsbestrebens wieder an das Fürstbistum Hildesheim zurückgegeben werden. Graf Tilly hatte dort soeben eine entsprechende „Rekatholisierung" mit Gewalt in die Wege geleitet.

Nach der Landung des schwedischen Heeres änderte sich für die Hoyaer Lande zunächst wenig. Immerhin trieb aber der schwedische General Banner im Januar 1631 die kaiserlichen Truppen unter General Pappenheim aus den von diesen besetzten welfischen Landen bis an die Weser zurück. Die kaiserlichen Truppen ließen aber in einigen befestigten Orten noch Besatzungen zurück (wie etwa in der Festung Wolfenbüttel, wo diese kaiserliche Truppe sogar noch bis 1643 ungeschlagen ausharrte). Hoya scheint aber von diesen Vorgängen nicht betroffen worden zu sein, da die Kaiserlichen das Amt nach wie vor im Griff behielten.

Pappenheim wandte sich, als der schwedische Vormarsch kurzfristig ins Stocken geriet, im April 1631 von Westfalen aus sogleich wieder nach Norden und entsetzte die in Rotenburg/Wümme von erzbischöflich-bremischen Trup-

pen belagerte kaiserliche Besatzung (die den Auftrag hatte, auch das Erzstift Bremen wieder zu „restituieren"). Da nun ein Angriff Pappenheims auch auf Celle drohte, zog Herzog Georg ihm mit seiner bisher nur dreitausend Mann starken und noch in der Neuaufstellung befindlichen Armee, unter erwarteter Verstärkung durch achthundert Schotten (und mit schwedischer Rückendeckung), entgegen.[224] Pappenheim aber zog sich längs der Weser nach Minden zurück; zu einem Gefecht kam es nicht.
Die kaiserlichen Truppen eroberten währenddessen im Mai 1631 die mit Schweden verbündete Stadt Magdeburg, scheuten aber zunächst ein direktes Aufeinandertreffen mit Gustav-Adolf.
Am 22. Juni 1631 wandt sich der Herzog in Celle an den Drosten Dietrich Behren zu Hoya („*Dem vesten unserem Großvogdt, Geheimbten und Cammer Rath, auch Drosten zur Hoya und lieber getreuer Dietrich Behren*") und erteilt ihm den Auftrag, die von der kaiserlichen Armee angelegten Befestigungsanlagen in Hoya zu schleiffen: „*Gottes Gnaden Christian erwählter Bischoff des Stiffts Minden, Herzog zu Braunschweig und Lüneburg. Unsern gnedigen Wille zuvor, vester Ratht, lieber getreurer. Weiln so we-*

---

[224] Decken, a.a.O., Band 2, S. 60.

nig der röm. kaysl. Mayt. als auch uns, noch sonsten jemanden damit gedienet, das die bei unserem haus Hoya angerichtede fortification und befestigung verpleibe, gestaldt dan die kaysl. Officiere, mit denen hiraus communiciret, es selbsten dafür gehalten, als begehren wir hiermit gnediglich, ihr wollet daran sein das die aufgeführte Werke, Schanzen und Graben, sobald möglich demolyret, nidergelegt, und alles wieder in vörigen Stand gebracht werden möge. Daran geschickt unsere gnedige meinung, und wir bleiben euch mit gnaden wolgewollen."[225] Insoweit hatte Celle also seine Meinung bezüglich der Befestigungen ganz geändert: Noch im Mai 1627 hatte man das Amt (nach der Plünderung des Fleckens Hoya durch die dänischen Truppen) angewiesen, die Befestigungsanlagen zu verstärken.

Ob die Verteidigungswerke, Schanzen und Gräben dann tatsächlich zurückgebaut wurden, bleibt unklar, da sie jedenfalls im späteren Kriegsverlauf wieder vorhanden waren. Allerdings scheint die Besatzung Hoyas durch kaiserliche Truppen im Jahre 1631 allmählich geendet zu haben, da anderenfalls das genannte Einvernehmen mit den kaiserlichen Offizieren (die, wenn sie Hoya gegen schwedische Angriffe hätten halten wollen, eher mehr als weniger Befestigungen benötigt hätten) kaum er-

---

[225] NLA HA Hann. 74, Hoya Nr. 282.

klärlich wäre. Gade und Merian gehen gleichfalls davon aus, das Hoya von den kaiserlichen Truppen irgendwann im Jahre 1631 aufgegeben worden ist.[226] Aktenvermerke über den Abzug der Besatzungsmacht sind jedenfalls im Schriftverkehr mit dem Amt Hoya nicht zu finden.

Am 17. September 1631 kam es dann zur ersten großen Begegnung zwischen kaiserlichen und schwedischen Heeren. In der Schlacht von Breitenfeld (Leipzig) siegten die Schweden vollständig über Tillys Armee, deren Reste nun nach Süden und Westen ausweichen mussten. Im Oktober 1631 beauftragte der schwedische König Herzog Georg offiziell damit, neue Truppen aufzustellen und ganz Niedersachsen von den dort noch verbliebenen kaiserlichen Besatzungen zu säubern.[227] Während die kaiserlichen Truppen im November 1631 noch einmal gegen die kleine Armee des Erzstifts Bremen siegreich waren, stellte der niedersächsische Reichskreis jetzt also, im schwedischen Einvernehmen, unter Herzog Georg eine neue Armee auf, bei welcher auch der inzwischen zum Oberst beför-

---

[226] Gade, Geschichte Hoya, S. 175; Merian, a.a.O., S. 124, ebenso Schweringen, a.a.O., S. 112.

[227] Decken, a.a.O., Band 2, S. 7.

derte Friedrich Meretig, der zwischen 1623 und 1625 als Hauptmann lüneburgischer Truppen mehrfach auf dem Schloss Hoya kommandiert hatte, ein eigenes Infanterieregiment erhielt.[228] Auch Hauptmann Feuerschütz durfte nun wieder eine Kompanie von zweihundert Soldaten anwerben. Während er als Kapitän aber im Jahr 1625 noch mit 75 Reichstalern monatlich besoldet worden war (ein Leutnant bekam 40, ein Unteroffizier 14 und ein Musketier 6 Taler), erhielt er 1631 nur noch 40 Reichstaler (der Leutnant 33, der Unteroffizier 10 und der Musketier 5). Eine Erklärung für diese erstaunliche Herabsetzung des Soldes lässt sich den Akten nicht entnehmen.[229]

Unterdessen forderte der kaiserliche General Pappenheim die Regierung in Celle ultimativ auf, jegliche Unterstützung des Herzogs Georg zu unterlassen und stattdessen noch weitere kaiserliche Truppen aufzunehmen. Dieses Ansinnen lehnte Herzog Christian unverblümt ab. Vielleicht als Reaktion auf solche Drohungen verfügte Celle aber am 8. Oktober 1631 in einem Rundschreiben an alle Ämter, das man bei *„Herannahen kriegerischen Volkes sämtliche*

---

[228] Decken, a.a.O., Band 2, S. 28.

[229] NLA HA Celle Br. 10, Nr. 85.

Pässe mit dem Ausschuss besetzen solle, um Überfälle, Raub und Plünderungen abzuwenden."[230] Vierzehn Tage später, am 22. Oktober 1631, forderte dann der Befehlshaber der kaiserlichen Truppen in Nienburg, der Obrist-Wachtmeister Johann von Westrem, der dort ja bereits im Herbst 1629 das Kommando geführt hatte, den – ihm seit der Diebstähle von 1629 wohl wenig freundlich gesonnenen - Amtmann Johann Locke in Hoya ultimativ auf, ihm pünktlich genügend Arbeitskräfte zu stellen. Er hatte wohl bereits zuvor an den Amtmann appelliert, ihm Tag für Tag *„starke Handdiener"* für nicht näher genannte Bauarbeiten, wahrscheinlich zum weiteren Ausbau der Befestigungsanlagen, zuzusenden. Da aber *„bisweilen großer Mangel"* an Arbeitspersonal herrsche, möge der Amtmann nunmehr dafür Sorge tragen, dass stets 26 solcher Arbeitskräfte sich melden. Sollte dem *„Wunsch"* des Obrist-Wachtmeisters auch dieses mal nicht nachgekommen werden, so werde er die benötigten Arbeitskräfte aus dem Amt Hoya demnächst mit militärischer Gewalt holen lassen.[231] Johann von Westrem diente im kaiserlichen Regiment des Oberst Werner Graf von Tilly (Baron Montigny), wurde Ende 1631

---

[230] NLA HA Celle Br. 10, Nr. 129.

[231] NLA HA Celle Br. 61a, Nr. 5150.

zum Oberst befördert und fiel ein Jahr nach diesem Schreiben am 16. November 1632 in der Schlacht von Lützen.[232] Da von Westrem offenbar keine Probleme darin sah, mit seinen Leuten in Hoya jederzeit eingreifen zu können, wird man daraus wohl schlussfolgern können, dass der Flecken im Oktober 1631 noch von kaiserlichen Truppen besetzt gewesen sein wird.

Im Frühjahr 1632 konnten die bislang stets siegreichen schwedischen Truppen von Sachsen aus weit bis nach Süddeutschland vorstoßen und Tilly in der Schlacht bei Rain am Lech am 14./15. April 1632 erneut schlagen. Im Mai 1632 standen die Schweden dann bereits in München. Aufgrund dieser für den Kaiser ungünstigen Entwicklung der Kriegslage musste im Sommer 1632 auch der bisher in Norddeutschland - im Rücken der Schweden - kommandierende kaiserliche General Pappenheim mit seinen Truppen zur Verteidigung des kur-kölnischen Gebiets abziehen. Dabei nahm er die Besatzungen der restlichen von ihm noch besetzten kleineren Orte des Herzogtums Lüneburg-Celle, mit Ausnahme

---

[232] Volkmar Happe, Chronicon Thuringiae, o.O.u.J., Teil I, S. 294, dort als einer von 12 gefallenen kaiserlichen Obristen der Schlacht von Lützen unter dem Namen „Westrum" verzeichnet.

Nienburgs, das besetzt blieb, mit sich.[233] Die Grafschaft Hoya wurde bei dieser Gelegenheit, da sie nun wieder der Versorgung lüneburgischer oder schwedischer Truppen dienen konnte, von den Kaiserlichen nochmals geplündert. So seien die Einwohner Asendorfs zu Pfingsten 1632 aus ihren Häusern geflohen und hätten sich vorübergehend mit ihrer beweglichen Habe und ihrem Vieh verstecken müssen.[234]
Hoya wird demnach entweder bereits zum Jahresende 1631 oder spätestens im Zusammenhang mit Pappenheims Abzug im Sommer 1632 frei geworden sein. Im Anschluss dürften sich dann wohl wieder eigene lüneburgisch-cellesche Einheiten, die jetzt im (informellen) Bündnis mit Schweden standen, dort einquartiert haben. Ein Beleg ist dafür allerdings nicht zu finden. Jedenfalls erfolgte eine Besetzung Hoyas mit einer schwedischen Truppe erst später (zumal die schwedische Armee damals wohl kaum größere Truppenkontingente für diesen Nebenkriegsschauplatz entbehren konnte). Die Kriegshandlungen in Niedersachsen schienen nun zunächst einzu-

---

[233] Decken, a.a.O., Band 2, S. 74.

[234] Der Feind im Lande, in: Der InspektionsBote, Monatsblatt für die Gemeinden des Hoyaer Landes, 1922-1924, S. 10.

schlafen, da die Entscheidung des Krieges jetzt von allen Seiten in Süddeutschland gesucht wurde.

Auch nach Pappenheims Abzug blieben aber stets noch kleinere Teile der kaiserlichen Armee im nahen Westfalen und im Oldenburger Münsterland stationiert und zwangen das Amt Hoya offensichtlich auch weiterhin zu Kontributionszahlungen. Mit Schreiben vom 1. September 1632 beschwerten sich nämlich Drost Dietrich Behr und Amtmann Johann Locke gemeinsam bei der herzoglichen Kanzlei in Celle über die aufgrund von „*Contributionen, Plünderungen und anderer Executionen beider Kriegenden*" zu hoch veranschlagten Abgaben, die ihr Amt Hoya zu entrichten habe.[235] Demnach musste das Amt also offenbar bereits zu dieser Zeit an „beide Kriegende", also sowohl an Schweden wie auch an den Kaiser, Abgaben entrichten.

Die vom Amt Hoya damals – aus nicht bekanntem Grunde - mit zu verwaltenden Meyer und Brinksitzer in Intschede (das zum Erzstift Bremen gehörte) beklagten sich mit Schreiben vom Oktober 1632, gerichtet an den Drosten Dietrich Behr zur Hoya, ebenfalls über ihre Doppelbelastungen, da sie nicht allein Dienste bis nach Nienburg, sondern auch solche im

---

[235] NLA HA Celle Br. 61a, Nr. 5151.

Auftrage des Erzbischofs von Bremen erbringen müssten.[236]
Der schwedische König Gustav Adolf musste München mit seiner Armee im Spätsommer 1632 wieder verlassen und nach Sachsen zurückweichen, von wo ihm ein Flankenstoß des kaiserlichen Generals Wallenstein drohte. Vor den Toren Leipzigs kam es dann bei Lützen am 3. September zu einer weiteren Schlacht zwischen den schwedischen und den kaiserlichen Truppen, letztere unter dem Kommando Wallensteins, der sich immer noch als Herzog von Friedland gerierte. Die Schweden behaupteten in dieser Schlacht zwar, auch gegen die unter Pappenheim anrückende kaiserliche Verstärkung, das Feld. Sie verloren aber ihren König und damit den Strategen des ganzen Feldzugs.
Auch diese Entscheidungsschlacht scheint sich auf die Verhältnisse in Hoya nicht ausgewirkt zu haben. Das Amt verblieb offensichtlich unter Kontrolle der verbündeten lüneburgischen und schwedischen Truppen, da Herzog Christian sich noch Anfang 1633 bei seinem Bruder, dem Kreisgeneral Herzog Georg, darüber beklagte, dass dieser zur Unterhaltung seiner gemischt lüneburgisch-schwedischen Truppe (wohl mangels genügender Bezahlung und

---

[236] NLA HA Celle Br. 61a, Nr. 5152.

Verpflegung durch die schwedische Armee) in der Grafschaft Hoya eigenmächtig Requisitionen vorgenommen habe.[237]

6. Hoya unter schwedischer Besatzung

Der Krieg an der Weser drehte sich jetzt um die von den Kaiserlichen noch gehaltenen - und von schwedischer Seite belagerten - Städte Hameln und Rinteln. Ein im Sommer 1633 von Westfalen aus kommender Vorstoß der kaiserlichen Armee gegen die Oberweser, zur Entsetzung Hamelns, scheiterte. In der Schlacht bei Hessisch-Oldendorf konnten die lüneburgischen und schwedischen Truppen unter Herzog Georg am 8. Juli 1633 einen glänzenden Sieg davon tragen. In der Folge übergab die kaiserliche Besatzung die Festung Hameln. Georgs Truppen (und die zu dieser Zeit mit ihnen verbündeten Hessen) konnten auch noch Peine und Calenberg erobern.[238] Demgegenüber hielten die kaiserlichen Heere aber weiterhin Minden und den Großteil Westfalens besetzt. Niedersachsen war jetzt, abge-

---

[237] Decken, a.a.O., Band 2, S. 145.

[238] Carl Du Jarry von la Roche, Der dreißigjährige Krieg, vom militärischen Standpunkte aus beleuchtet, Band 1, Schaffhausen 1848, S. 320.

sehen von Wolfenbüttel, Hildesheim, Stolzenau und Nienburg, von kaiserlichen Truppen befreit.
Sodann zog die lüneburgisch-schwedische Armee gegen Osnabrück. Die Stadt wurde im August 1633 belagert. Kommandant der dortigen kaiserlichen Garnison war interessanterweise ein Oberst „du Mont St. Eloy."[239] Dabei dürfte es sich wohl um denselben Offizier handeln, der in Hoya bereits 1624 im Translationsstreit[240] auftauchte und dort 1626, noch im Range eines Hauptmanns, gegenüber den dänischen Truppen hatte kapitulieren müssen. Osnabrück musste sich nach vierwöchiger Belagerung ergeben. Die kaiserliche Garnison, und mit ihr St. Eloy, der darin ja einige Übung hatte, durfte ehrenvoll abziehen. Osnabrück blieb von nun an, wenn auch noch mehrfach kurzzeitig belagert, bis Kriegsende in schwedischer Hand.
Anfang 1634 standen schwedisch-deutsche Truppen damit auf der Linie Hameln, Rinteln, Osnabrück, Meppen sowie in Vechta, Wildeshausen und Lemförde. Sie konnten zeitweilig

---

[239] Johann Karl Bertam Stüve, Geschichte der Stadt Osnabrück, Band 3, Osnabrück 1826, S. 169.

[240] NLA HA Celle Br. 61a, Nr. 5126.

sogar bis zum Rhein vordringen.[241] Im Gegenzug eroberten die Kaiserlichen im April 1634 für kurze Zeit noch einmal Höxter, während sie im Herbst des Jahres endgültig auch aus Hildesheim gedrängt wurden. Dafür hatten die Schweden zwischenzeitlich auch Minden erobern können. Damit verblieben dem Kaiser zum Ende des Jahres 1634 in Niedersachsen nur noch Besatzungen in den belagerten Städten Wolfenbüttel, Stolzenau und Nienburg.
Hauptkriegsschauplatz blieb aber auch im Sommer 1634 Süddeutschland (Kampf um Regensburg). Mit der für die Schweden verlustreich endenden Schlacht bei Nördlingen endete der bisherige schwedische Siegeslauf. Die Frontlinie wurde ab September 1634 nach und nach wieder nordwärts verrückt. Infolge dieser schwedischen Niederlage und des damit verbundenen Wiedererstarkens der kaiserlichen Macht, wandten sich die meisten der protestantischen deutschen Fürsten nun wieder von Schweden ab, um sich vorsichtshalber irgendwie mit dem Kaiser zu verständigen.
Vielleicht vor diesem Hintergrund wurde Hoya dann wohl auch im Jahre 1634 von schwedischen Truppen mit einer Garnison

---

[241] Du Jarry, a.a.O., S. 397.

versehen.[242] Diese Okkupation ging wahrscheinlich kampflos vor sich, nähere Nachrichten liegen darüber nicht vor. Stolzenau hingegen war noch länger von kaiserlichen Truppen besetzt und wurde Weihnachten 1634 von den Schweden acht Tage lang belagert, bevor ein Capitän-Leutnant Friedrich von Droste ihnen die kleine Festung übergab.[243]

Die Weserlinie selbst blieb weiter unruhig, weil kaiserliche Truppen nach wie vor in der Stadt Nienburg, Teilen Westfalens und dem westlichen Oldenburgischen Münsterland standen und daher stets mit militärischen Vorstößen von dort aus zu rechnen war. So fielen dann auch zu Ostern 1635 erneut plündernde Truppen, bei denen es sich um Pappenheims Reiterei gehandelt haben soll, in Asendorf ein.[244]

---

[242] Gade, Geschichte Hoya, S. 175; Merian, a.a.O., S. 124, Schweringen, a.a.O., S. 112.

[243] Heinrich Gade, Geschichte des Fleckens Stolzenau an der Weser, Nienburg 1871, S. 65.

[244] Der Feind im Lande, in: Der InspektionsBote, Monatsblatt für die Gemeinden des Hoyaer Landes, 1922-1924, S. 10. Da Pappenheim selbst aber bereits im November 1632 an seinen bei der Schlacht von Lützen erlittenen Wunden verstarb, dürfte die Angabe fraglich sein.

7. Ersuchen um Abgabenstundungen

Die wirtschaftliche Lage des Amtes konnte sich vor dem Hintergrund dieser wechselnden Kriegsläufe und Abgabenpflichten nicht erholen. Eine Vielzahl von Bittgesuchen traf jetzt bei dem Amt ein. So wandte sich beispielsweise die Witwe „Harmen" aus Essen bei Asendorf mit Schreiben vom 27. Juni 1635 an den Amtmann Johan Locke in Hoya. Sie sei bereits seit acht Jahren Witwe, habe einen „überlebenden" sechzehnjährigen Sohn, bewirtschafte alleine einen halben Meyerhof und sei natürlich, wie damals alle anderen Meyer, Kötner und Brinksitzer auch (das Eigentum an allem Land und jedem Hof lag beim Grundherren, letztlich also dem Herzog), gegenüber dem Amt abgabenpflichtig. Auf dem Hof seien aufgrund der Kriegswirren aber nur noch eine Kuh und keinerlei Pferde mehr vorhanden. Sie schulde dem Amt an rückständigen Abgaben der letzten Jahre noch sechs Kühe und Rinder sowie zwölf Schweine, wisse aber nicht, wo sie diese hernehmen solle. Die ihr obliegenden Spanndienst könne sie mangels vorhandener Pferde auch nicht erbringen, dafür habe sie aber so gut es ging Handdienste geleistet. Nun habe sie neben den Rückständen auch weiterhin jährlich zwei feiste Schweine, eine Kuh, ein Rind, zwei Hühner, dazu Roggen, Hafer, Heu, 22 Groschen und zwei Tage Spanndienste mit einem Vollgespann zu entrichten, was ihr schlicht nicht möglich sei. Das Ackerland und die Weiden seien schon weitgehend zu *„Busch und Brocken"* verwachsen und der Hof drohe zu einem *„Geisterhof"* zu verfallen. Daher bitte sie um *„Remission"* der Schulden, damit ihr Sohn, der durchaus fleißig sei, die Chance erhalte, den Hof fortzuführen, zumal den verdorbenen Hof für den Fall ihrer ansonsten vom Amt zu verfügenden Absetzung sicherlich auch niemand anders haben wolle. Der Drost Franz-Dietrich von der Borg und der Amtmann Johann Locke haben das Gesuch denn auch mit wohlwollenden Worten um einen entsprechenden Erlass nach Celle weitergeleitet, zumal man ja jetzt schon zu viele leer stehende Höfe im Amt zu verzeichnen habe.[245]

8. Unstimmigkeiten zwischen Celle und Stockholm

Im Juni 1635 eroberte Herzog Georg (gegen den Willen des Herzogs von Celle, der noch mit den Kaiserlichen bezüglich eines freiwilligen Abzugs gegen eine Zahlung von sechstausend Reichstalern verhandelte), die Stadt

---

[245] NLA HA Celle Br. 61a, Nr. 5158.

Nienburg.[246] Der Herzog in Celle wollte die Befestigungsanlagen dort nun - ebenso wie zuvor in Hoya - abtragen lassen, da er die Ansicht vertrat, dass vor allem diese Festungen die verschiedenen Kriegsparteien geradezu unwiderstehlich (in das neutrale Fürstentum) anzögen.

Gleichzeitig kam es nun zu offiziellen und schließlich auch erfolgreichen Friedensverhandlungen (Frieden von Pirna) der Herzöge von Braunschweig-Lüneburg, ebenso auch der meisten anderen evangelischen Reichsstände, mit dem Kaiser. Dieser Frieden machte aber die schwedische Regierung in Bezug auf eine weitere wohlwollende Neutralität des Fürstentums Lüneburg-Celle misstrauisch. Rasch eskalierte daher nun auch der Streit zwischen den Schweden und dem ihnen bislang dienenden General Herzog Georg. Um die Schweden nicht zu sehr zu brüskieren, ließ Herzog Georg Nienburg zwar (auch) mit eigenen Truppen besetzen, wies aber den Wunsch der celler Regierung, die Festung zu schleifen, zurück. Dennoch befahlen die Schweden, ob des ihnen ungelegenen Friedens der braun-

---

[246] Heinrich Gade, Historisch-geographisch-statistische Beschreibung der Grafschaften Hoya und Diepholz, Band 2, Nienburg 1901, S. 99. Heckmann, a.a.O. S. 34, geht dagegen - ohne Beleg - davon aus, dass die kaiserliche Besatzung bereits 1630 abgezogen wäre.

schweig-lüneburgischen Herzöge mit dem Kaiser, Herzog Georg als Kommandanten schwedischer Truppen nunmehr abzulösen. Der lüneburgisch-cellesche General Sperreuther, eigentlich ein Untergebener Herzog Georgs, übernahm auf schwedischen Befehl das Kommando der bisher auf Georg hörenden Truppen. Er zeigte Georg mit Schreiben vom 1. Juli 1635 an, dass er ihm mit „seinen" Regimentern aufgrund schwedischer Instruktion den Gehorsam aufkündige. Dem Oberst Wurmb, Kommandeur des in der Grafschaft Hoya stehenden lüneburgischen Leib-Kavallerie-Regimentes, befahl er, sich auf das rechte Weserufer zurückzuziehen, anderenfalls er ihn angreifen lassen werde.[247] General Sperreuther besetzte daraufhin die Grafschaft Hoya.[248]

---

[247] Decken, a.a.O., Band 2, S. 269 ff.

[248] Claus Dietrich Freiherr von Sperreuther, geb. um 1600, gest. 1653 in Innsbruck, zunächst bei der lüneburgischen Armee, trat 1621 in dänische und 1623 in schwedische Dienste, 1631 Oberst, kommandierte 1635 für kurze Zeit die schwedischen Truppen in Westfalen, diente dann erneut in lüneburgischen und hessischen Einheiten. 1636 ging er mit seinem Regiment zu den kaiserlichen Truppen über und stand bei Kriegsende in venezianischen Diensten: www.30jaehrigerkrieg.de/sperreuther, in: Warlich, Der Dreißigjährige Krieg in Selbstzeugnissen, Chroniken und Berichten.

Vierzehn Tage später berichtete Drost Frantz-Dietrich von der Borg über den (nach diesen abrupten Änderungen nunmehr vorliegenden) Zustand der Ämter in der Grafschaft Hoya nach Celle. Das Amt Nienburg und der Flecken Liebenau seinen *"ganz oede und fast ohne eine lebendige Seele."* Die Ämter Hoya und Stolzenau wären wohl etwas besser dran, hier sei aber auch *"der halbe Theil* (der ursprünglichen Einwohner) *ganz verlaufen"*. Am günstigsten stünden die Dinge noch im Amt Syke, welches jetzt noch das nutzbarste sei. Insgesamt gäbe es in der Grafschaft wohl kaum noch 2500 Meyer, Kötner und Brinksitzer.[249]

Bereits einen Tag darauf, am 15. Juli 1635, meldete sich der neue schwedische Kommandant in Nienburg, Oberst Aston, bei Frantz-Dietrich von der Borg und teilte ihm mit, dass die Grafschaft seinem Regiment zum Unterhalt *"ahsionirt"* (avisiert) sei. Er wolle nun gerne 2184 Reichstaler monatlich geltend machen. Noch am selben Tag wandten sich von der Borg und Locken angesichts dieser Forderungen besorgt nach Celle. Sie schilderten, dass zwei Regimenter gerade erst das Amt verlassen hätten. Dafür habe man jetzt aber drei Kompanien Schweden in den Ämtern Hoya und Bruchhausen aufnehmen müssen. Nach

---

[249] NLA HA Celle Br. 10, Nr. 118/1.

Syke sollen zudem auch noch vier Kompanien gelegt werden. Außerdem habe man den Schreiber des Drosten nach Nienburg geschickt, wo er erfahren habe, dass zwei Regimenter Dragoner und Fußsoldaten über die Aller hinweg in das Fürstentum Celle marschieren wollen. Von Schiffern hätte man gehört, dass noch weitere drei Regimenter im Anmarsch wären und sich in der Hämelheide mit den aus Nienburg kommenden Dragonern und Fußsoldaten treffen sollen.
Im Oktober schickte Nienburg dann einen schwedischen Capitain-Leutnant nach Hoya. Er sollte mit 120 Soldaten dafür sorgen, dass das Amt Hoya Palisaden und Bauholz nach Nienburg liefert. Die Soldaten blieben drei Tage *„und verursachten bei den Leuten, bei denen sie logierten, viele Schäden"*. Danach kam offenbar ein Rittmeister namens Meyer mit seiner Kompanie in das Amt. Während Drost und Amtmann die Soldaten auf die einzelnen Dörfer verteilen wollten, bestand Meyer darauf, die Truppe zusammenzulegen und geschlossen entweder in Bücken oder Hoya unterzubringen.[250]

---

[250] NLA HA Celle Br. 10, Nr. 118/1, Blatt 201.

E. Der Schwedisch-Französische Krieg

1. Kaiserliche und schwedische Einfälle

Im Oktober 1635 verhandelte die celler Regierung über ihren Statthalter in der Grafschaft Hoya, Curd Plate von Gehlen, mit den Schweden über eine Übergabe der Stadt Nienburg an lüneburgische Truppen. Die Übergabe scheiterte aber an hohen schwedischen Geldforderungen. Dafür waren die Schweden aber nun doch an einer Entfestigung sämtlicher Orte an der Weser durchaus interessiert.[251] Offenbar ist Nienburg also unmittelbar nach der Eroberung durch Herzog Georg von schwedischen Einheiten besetzt worden (Nach anderer Ansicht blieb die Stadt aber bis 1639 in der Hand Georgs, bevor der schwedische General Banner sich der Stadt bemächtigt habe[252]). Herzog Georg, der nach wie vor für die welfischen Lande Neutralität erreichen, aber auch keine der beiden Kriegsparteien auf Kosten der Wel-

---

[251] Decken, a.a.O., Band 3, S. 54.

[252] Heinrich Gade, Historisch-geographisch-statistische Beschreibung der Grafschaften Hoya und Diepholz, Band 2, Nienburg 1901, S. 99.

fen zu stark werden lassen wollte, taktierte nun jedenfalls erneut zwischen den Kriegsparteien.

Anfang 1636 mussten sich die Schweden vor einer von Lothringen her anrückenden kaiserlichen Armee unter dem Oberbefehl des Marchese Caretto, der vereint mit dem inzwischen in kaiserliche Dienste übergetretenen General Sperreuther (so schnell änderten sich die Verhältnisse!) in Westfalen eindrang und sich der Weser näherte, zunächst auf das östliche Ufer der Weser zurückziehen.[253] Minden und Petershagen wurden geräumt. Kaiserliche Truppen unter dem Kommando des General de Gleen nahmen kurzzeitig auch die am linken (westlichen) Weserufer liegenden Braunschweigischen Ämter in Besitz.[254] Von dieser Besetzung kündet die Akte Celle Br. 61a, Nr. 5161. Ende Januar 1636 gaben die Siebenmeyer, Jost Trove in Mehringen und Wolicke Lohmeyer auf Gut Wührden, zu Protokoll, dass Sperreuthersche Regimenter *„ohne jede Disciplin und Ordinanz"* sich bei ihnen tagelang einquartiert und die gesamten Vorräte mitgenommen hätten. Aus diesem Grunde müsse man bei dem Amt Hoya um eine Erlassung der Pachten und Gebühren nachsuchen.

---

[253] Du Jarry, a.a.O., Band 3, S. 62.

[254] Decken, a.a.O., Band 3, S. 56.

Im Rahmen eines Gegenangriffs rückten dann im Februar 1636 erneut schwedische Truppen unter General Leslie längs der Weser über Nienburg vor. Zunächst wurde Petershagen zurückerobert. Dann besetzen die Schweden Minden und zogen weiter nach Westen, um das von kaiserlichen Truppen belagerte Osnabrück zu entsetzen.[255] Die welfischen Lande (das Fürstentum Calenberg-Göttingen wurde seit 1635 von Herzog Georg regiert, das Fürstentum Braunschweig-Wolfenbüttel von August dem Jüngeren), verärgert über die schwedische Besetzung Mindens (das die Welfen immer noch als „ihr" Bistum ansahen), kündigten an, nun für jeden Fall einer eventuellen Grenzverletzung – auch durch die Schweden - zu den Waffen zu greifen.
Stattdessen, oder gerade als Reaktion auf diese Ankündigung, rückten die Schweden aber auch in die lüneburger Lande ein. Zur Begründung dieser Neutralitätsverletzung wurde vom schwedischen General Baner angeführt, dass *„die Lage des Krieges es erzwinge, die Länder des Herzogs von Celle zur Rekrutierung zu überweisen. Die schwedische Krone habe diese Länder bislang beschützt, des Herzogs Städte und Ämter hätten sich aber gar böslich gegen die*

---

[255] Decken, a.a.O., Band 3, S. 76.

schwedischen Soldaten gezeigt."[256] Außer der Besetzung der Städte Lüneburg und Winsen/Luhe blieb eine weitergehende Invasion des Fürstentums aber aus, da die schwedischen Kräfte für ein solches Vorgehen wohl auch zu schwach gewesen sein dürften. Celle sah, entgegen der lautstarken Ankündigung, ebenfalls davon ab, nun gegen die schwedischen Truppen Krieg zu führen.

Im Zusammenhang mit dieser Verschlechterung der politischen Beziehungen haben die Schweden offenbar die Durchsetzung der ihnen vermeintlich zustehenden Kontributionszahlungen forciert. So wurde der hoyaer Amtmann Johan Locke im März 1636 von dem schwedischen Kommandanten Nienburgs, Oberst Sir Arthur Aston[257], verhaftet und „gefänglich" nach Nienburg abgeführt, da das Amt Hoya die geforderten fälligen Zahlungen

---

[256] Decken, a.a.O., Band 3, S. 90.

[257] Aston stammte aus England und diente in russischen, polnischen und schwedischen Einheiten. Zuletzt war er im englischen Bürgerkrieg gegen Cromwell aktiv, wo er bei einer Belagerung 1649 den Tod fand: www.30jaehrigerkrieg.de/aston, in: Warlich, Der Dreißigjährige Krieg in Selbstzeugnissen, Chroniken und Berichten.

nicht erbrachte.[258] Allerdings hatten Locke und Drost Frantz-Dietrich von der Borg diese Situation wohl selbst bewusst herbeigeführt. Im Dezember 1635 hatten beide nach Celle gemeldet, das Oberst Aston einen Leutnant als neuen Befehlshaber für das hoyaer Schloss benannt habe, der bald eintreffen solle. Dieser wolle offenbar auch eine Visitation der Kornböden des Schlosses, verbunden mit einer Aufstellung der dort vorhandenen Vorräte, durchführen. Hintergrund solcher schwedischer Bemühungen könne nur eine bevorstehende Requirierung sein. Daher habe man seitens des Amtes vorsorglich bereits so viel von dem ausgedroschenen Getreide als möglich nach Bremen in Sicherheit gebracht. Für Vieh und Pferde des Amtes würden sie noch nach einer Lösung suchen, da sie noch kein gutes Versteck, wo die Verpflegung derselben sichergestellt wäre, gefunden hätten.

Als Reaktion auf die sich abzeichnenden Friedensschlüsse zwischen dem Kaiser und den meisten deutschen Ländern ging das (protestantische) Königreich Schweden nun ein Bündnis mit (dem katholischen) Frankreich ein. Dieses neue Bündnis rentierte sich sogleich, denn bereits am 24. September 1636 konnten die Schweden, mit Unterstützung

---

[258] NLA HA Celle Br. 11, Nr. 187, Blatt 307 f.

durch schottische Truppen, die kaiserliche Armee im Norden Brandenburgs bei Wittstock an der Dosse entscheidend schlagen. Als Ergebnis dieser „Erholung" der schwedischen Kräfte ging der Dreißigjährige Krieg nun in seine vierte und letzte Phase, den sogenannten Schwedisch-Französischen Krieg über. Die wesentlichen Kampfhandlungen verlagerten sich erneut weiter nach Mittel- und Süddeutschland, ohne das sich am Zustand des Nebeneinanders der schwedischen und kaiserlichen Einflusssphären an der Weser etwas grundlegend änderte.

2. Hoyaer Widersetzlichkeiten, März 1637

Im Flecken Hoya scheint sich die wirtschaftliche Lage seit der Pestepidemie 1625, der Verwüstung durch die Dänen 1626, der Plünderung von 1627 sowie dem 1628 beschriebenen „armseligen und verderbtem Zustand" wohl nicht verbessert zu haben. Immerhin genügten die Kräfte aber offenbar noch hin, um sich untereinander langwierige Streitigkeiten zu liefern: Im März 1637 prozessierten der Amtmann Johann Locke (der inzwischen also wieder aus der Haft in Nienburg entlassen war) und die beiden Bürgermeister des Fleckens, Heinrich Precht und Harm Beste, über ihre jeweiligen zivilrechtlichen Kompetenzen. Auslöser des Streits waren zwei ehemalige Bürgermeister, Geberhard von Gehrden und Dittrich Meyer, die beide nach Ende ihrer Amtszeit im Jahre 1632 bei dem Flecken noch Schulden in Höhe von 22 Reichstalern hinterlassen, diese aber wegen der Kriegswirren noch nicht hatten begleichen können.[259] Als Dittrich Meyer dann Anfang 1637 von Verden (wo er wohl nach 1632 zwischenzeitlich gewohnt hatte) nach Hoya zurückzog, gewährte der Amtmann ihm bezüglich der alten Forderung des Fleckens eine Ratenzahlung. Damit waren die neuen Bürgermeister aber nicht einverstanden und drängten weiter auf sofortige Bezahlung. Als Meyer dem nicht nachkam, pfändeten die Bürgermeister des Meyers Pferd.

Der Amtmann schickte daraufhin seinen Schatzschreiber, Ludolph Ziegenmeyer, mit einem Dekret, wonach das Pferd wieder an Meyer herauszugeben sei, auf das „Bürgerhaus". Dieses Dekret wollten die Bürger aber – da es sich um eine Angelegenheit des Fleckens und nicht des Amtes handele - nicht anerkennen und weigerten sich daher, das Pferd auszufolgen. Diese Widersetzlichkeit missfiel dem Amtmann, der das Pferd nun am nächsten Tag

---

[259] NLA HA Celle Br. 72, Nr. 623.

mithilfe seiner bewaffneten Fußknechte aus dem „Bürgerkrug" holen und dem Meyer zurückgeben ließ. Dieses gewaltsame Vorgehen des Amtmanns empörte nun aber die gesamte Bürgerschaft. Die Bürgermeister nahmen am folgenden Tag *„mit großer fast unerhörter Gewaldt und zur Verachtung des Amtes"*, wie sich der Amtmann beschwerte, dem Dittrich Meyer, als er sein Vieh gerade aus seinem Haus auf die Weide treiben wollte, dessen beide Kühe weg und versteckten sie außerhalb des Ortes. Der erboste Amtmann schickte daraufhin erneut einen Fußknecht mit der unbedingten Forderung zur sofortigen Rückgabe der Kühe auf den Bürgerkrug.

Dem Fußknecht wurde auf dem Bürgerkrug mitgeteilt, dass die Bürgermeister nicht nachgeben werden, da sie vollkommen im Recht seien. Man habe Meyers Kühe nicht in dessen Haus gepfändet, was wegen seiner „Freiheit" ja unrechtmäßig gewesen wäre, sondern diese erst auf der Straße beschlagnahmt. Dagegen habe aber der Amtmann die Freiheit der Bürgermeister verletzt, als er das Pferd des Meyer „heimlich", also ohne gehörige Vorankündigung, aus dem Bürgerkrug entführt habe. Die Bürgermeister teilten weiter mit, dass sie, so sie bei der Rückholung des Pferdes im Bürgerkrug zugegen gewesen wären, eine solche Rechtsverletzung gewaltsam abgewehrt hät-

ten. Demgemäß wurde der Fußknecht unverrichteter Dinge wieder fortgeschickt.
Der Amtmann, der eine solch hartnäckige Verweigerung der Bürger gegen seine Befehle nicht dulden wollte, befahl seinen Fußknechten daraufhin am nächsten Tag, die Kühe des neuen Bürgermeisters Heinrich Precht auf dessen Weide zu pfänden, um so ihn und seinen „Collegen" zu nötigen, die versteckten Kühe des Meyer wieder herauszugeben. Die Fußknechte waren also gut beschäftigt und es wird auch deutlich, dass sein Amt eine Mischung aus Polizist und Gerichtsvollzieher darstellte.
Von diesem Auftrag der Fußknechte erfuhren die Bürgermeister aber offenbar kurzfristig. Sie befahlen ihren Bürgern, bei Androhung einer Strafe von einem halben Taler, ihnen zur Verteidigung ihrer Rechte gegen den Amtmann beizustehen. Eine nicht näher bezeichnete Anzahl von Bürgern sei ihren beiden Bürgermeistern daraufhin mit Beilen, Äxten, Forken, Barden *„und anderem Gewehr"* bis *„vor die Brücke über die Altenweser* („Kleine Weser"), *gleich einer Schlachtordnung"* gefolgt. Als die Fußknechte und Amtsdiener mit den Kühen auf der „Heerstraße" – wohl aus Richtung Hassel kommend, um die Kühe auf den zum Amt gehörigen Vorwerkhof zu treiben – dort ankamen, versperrten ihnen die Bürger den

Weg und es kam zu handgreiflichen Rangeleien. Der Streit verlagerte sich dann, nachdem keine Seite nachgeben wollte, in das Amtshaus, wo ein Bürger namens Harm Beker den „Amtskopisten" mit seiner Barde bedroht und zu ihm gesagt habe, dass *„der Teufel ihn holen solle"*. Ein anderer Bürger namens Johan Solter habe öffentlich kritisiert, dass die Bürger des Flecken – *„diese armen Pracken"* - ständig mit hohen Kontributionen überzogen würden, man aber gar nicht wisse, wo diese Gelder eigentlich verblieben. Ein dritter Bürger, Friedrich Fischer, habe im Amtshaus sogar gedroht, dass sie auf Befehl ihrer Bürgermeister sämtliche Amtsdiener mit Leichtigkeit verjagen und *„ihnen das Blut über die Köpfe laufen"* lassen könnten.
Am Ende wurden dann die gepfändeten Kühe Zug um Zug ausgetauscht, ohne dass es zu einer blutigen Auseinandersetzung gekommen wäre. Beide Seiten führten sodann aber umfangreiche schriftliche Beschwerde über ihre angeblich verletzten Rechte zur Regierung in Celle, wobei der Amtmann sich auch über die verweigerte Amtshilfe des Kommandanten von Hoya, eines Leutnants Richard Wolf, beklagte. Dieser Leutnant habe dem Amtmann während des Auflaufs an der Brücke wohl lapidar mitteilen lassen, dass er in solchen örtlichen *„Quereleyen"* nicht zuständig sei und er

zur Aufrechterhaltung der Ordnung auch keine seiner Soldaten schicken werde. Hinsichtlich des *„großen Trotzes, des mangelnden Respects und der offenbaren Rebellion"* der Bürger forderte der Amtmann eine exemplarische Bestrafung sämtlicher genannter Akteure.

Die Regierung in Celle forderte daraufhin, da die Angelegenheit einer mündlichen Erörterung bedürfe, per Schreiben an den Drosten in Hoya beide Parteien auf, sich am Freitag nach Cantate, also am 12. Mai, um Punkt sieben Uhr früh, in der fürstlichen Kanzlei in Celle einzufinden. Der Drost sollte dafür Sorge tragen, dass der Amtmann, beide Bürgermeister, ein Ausschuss des Rates und die namentlich erwähnten Bürger Beker, Solter und Fischer dort auch erschienen.

Erhalten geblieben ist in dieser Akte die zugehörige Spesenabrechnung des Amtmanns. Danach ist er in dieser Angelegenheit am zehnten Mai mit drei Amtsdienern und einem Wagen nach Celle gereist. Bei Häuslingen wurde, wohl mittels einer Fähre, für sechs Groschen die Aller überquert und zu Hudemühlen (Hodenhagen) übernachtet. Die dortigen „Zehrungskosten" beliefen sich auf einen dreiviertel Reichstaler, das „Schlafgeld" dagegen auf nur 3 Groschen (wobei ein Reichstaler damals wohl noch zu 72 Groschen gerechnet worden sein dürfte[260]). Am 11. Mai verzeichnete er in Winsen/Aller Zehrungskosten von einem halben Taler, bevor er abends in Celle anlangte. Alsdann hielt er sich bis zum 14. Mai in Celle auf, wo ihm weitere 9 Taler an Kosten für Verpflegung und Unterkunft entstanden.

Wie die anderen hoyaer Bürger nach Celle gelangten, ist nicht überliefert. Ausweislich der Aktenlage wurden sie aber bei ihrer Ankunft sämtlich in Arrest genommen und bis zur Urteilsverkündung, am 4. Juli, dort einbehalten. Noch mit Schreiben vom 3. Juli baten die Bürger, ihnen den Arrest doch endlich zu erlassen und das ihnen mündlich bereits mitgeteilte Strafmaß von einhundert Reichstalern doch „*gnädiglich*" herabzusetzen. Sie hätten ja nicht böswillig gehandelt und könnten angesichts ihrer ohnehin zerrütteten wirtschaftlichen Verhältnisse allerhöchstens 20 bis 25 Reichstaler zusammentragen.

Das „Urteil", das allein aus der Straffestsetzung bestand, fiel dann mit einer Gesamtstrafe von 50 Reichstalern moderater aus, als angekündigt. Zu zahlen hatten die Strafe die beiden Bürgermeister sowie die „Ratsverwand-

---

[260] Ausweislich der Akte „Schatzregister Amt Hoya 1630/31" errechnen sich die dort genannten Summen nur bei entsprechendem Teiler (NLA HA Dep. 106 Nr. 2687).

ten" Johann Kiener und Jobst Steinmann.[261] Beker, Solter und Fischer wurden hingegen nicht erwähnt.

Soweit man zum Vergleich des Wertes dieser Geldstrafe den Monatslohn eines gemeinen Soldaten von fünf Reichstalern heranzieht, dürfte die Strafe doch recht empfindlich gewesen sein. Bedenkt man allerdings, dass in der Stadt Braunschweig noch im Jahre 1605 eine gescheiterte Rebellion zur gewaltsamen Änderung der städtischen Verfassung mit „Vierteilung" der Rädelsführer geahndet wurde,[262] erscheint die verhängte Strafe für die *„offenbare Rebellion"* der hoyaer Bürger doch von rechter Milde geprägt zu sein.

In juristischer Hinsicht dürfte die Verurteilung der Bürgermeister allerdings fraglich sein. Nach dem gräflichen Privileg von 1576[263] waren die Rechtszuständigkeiten klar voneinander getrennt: Das Amt, in Vertretung des „Staates", war allein für das Strafrecht („Criminalsachen") zuständig. Sämtliche zivilrechtlichen Kompetenzen lagen dagegen – eben als

---

[261] Die Begrifflichkeit „Rathsverwandter" ist mit dem moderneren „Stadtrat" gleichzusetzen.

[262] Otto Heinemann, Geschichte von Braunschweig und Hannover, Band 3, Gotha 1892, S. 21.

[263] NLA HA Celle Br. 72, Nr. 156/I.

deren Privileg - bei der Bürgerschaft. Dieses Privileg war auch vom Herzog bestätigt worden. Da es sich bei den Schulden des Altbürgermeisters aber um zivilrechtliche Forderungen (das „Verwaltungsrecht" war noch nicht erfunden) gehandelt hat, wäre der Amtmann also von Anfang an nicht zuständig gewesen, so dass er auch den von ihm bewilligten Zahlungsaufschub – der infolge dessen für die Bürgermeister tatsächlich nicht bindend sein konnte - nicht wirksam verfügen konnte.
Im Übrigen gab es solcherlei Streitigkeiten zwischen Amt und Bürgermeister offenbar auch in Bücken. Mehr als ein Dutzend Mal habe der bücker Bürgermeister Rippe Carstens in Hoya und Nienburg im Arrest gesessen, weil er sich gegenüber dem Amt und der Besatzungstruppe widersetzlich gezeigt habe.[264]

3. Der Kontributionsstreit, April 1637

Offenbar als Reaktion der Bürgermeister auf das Vorgehen des Amtmanns im Streit über Dittrich Meyers Schulden, beschwerten diese sich mit Datum vom 3. April 1637 in Celle darüber, dass einige der Beamten im Laufe der Jahre beachtliche Ländereien im Flecken Hoya

---

[264] 1100 Jahre Bücken, a.a.O., S. 254.

erworben hätten.[265] Das sei zwar durchaus erlaubt, in dieser Eigenschaft als Grundeigentümer müssten sie aber, auch wenn sie als Beamte „eigentlich" von den Kontributionen ausgenommen waren, Abgaben entrichten. Und das hätten sie bislang nicht getan.
Das Schreiben der Bürgerschaft beginnt mit einer Darstellung der wirtschaftlichen Lage des Fleckens. Die *„weinende und zum Himmel um Hilfe schreiende arme Bürgerschaft"* im Flecken habe nichts als das bloße Leben gerettet und sei *„in größte Armut und hungers Not"* gesetzt worden. Von einstmals dreihundert Feuerstätten seien nur noch 53, gleichfalls zum großen Teil ruiniert, übrig geblieben. Auch wenn hin und wieder Reparaturen vorgenommen würden, könnten sich die Leute darinnen doch nur *„kümmerlich halten"*. Diese *„erbärmlichen"* Kriegszeiten hätten Kontributionen an den Oberstleutnant Terscheins von der kaiserlichen Armee und an den Oberstleutnant Nagel von der schwedischen Armee ausgelöst. Man habe nicht nur nach Nienburg viel Geld zahlen, sondern auch häufig Truppen aufnehmen und verpflegen müssen. Nun drohe auch noch der Generalleutnant Sperreuther für den Fall ausbleibender Zahlungen mit militärischer Exekution. Dabei habe man im letzten

---

[265] NLA HA Celle Br. 61a, Nr. 5159.

Jahr wegen der großen Hitze und Trockenheit und der anschließenden Überschwemmungen ohnehin kaum etwas geerntet und so manchen Acker wegen der Kriegsgefahren auch nicht bestellen können.

Dessen ungeachtet habe man aber mit großer Verwunderung feststellen müssen, dass ein Teil der Amtsdiener meine, die beschwerlichen Kontributionen, aufgrund der ihnen noch von den Grafen verliehenen Freiheiten, nicht mit abtragen zu müssen. Diejenigen Beamten aber, die in bürgerlichen Häusern wohnen und neben ihren (herzoglichen) Dotationen auch bürgerliche Einkünfte („*bürgerliche Nahrung*") beziehen, müssten aber doch auch die Kontributionsgelder mit abbezahlen, wie es vom Herzog Christian eindeutig befohlen worden sei. Die Bürgerschaft habe sich daher erlaubt, eine Liste der Einnahmen des Amtsschreibers Jürgen Dieckmann, des Kornschreibers Gerhard Breker, des Hausvoigts Johann Heidemann und des Fußknechts Hans Meyer zu erstellen. Danach habe der Amtsschreiber Land gekauft, darauf ein Haus gebaut und mehrere Felder in Bewirtschaftung (Von seiner 1630 betriebenen „Bierschenke" ist hingegen nicht mehr die Rede). Der Kornschreiber habe von Dietrich Bermers und Herbert Solters Erben Land gekauft, dazu habe er von drei anderen Bürgern eine Hausstätte gekauft und ein großes, wohl-

gebautes und ansehnliches Haus darauf gestellt.
Als Reaktion auf diese Eingabe hat die Regierung in Celle den Amtmann angewiesen, zu verfügen, das diejenigen *„officies"*, welche in *„gemeinen Bürgerhäusern"* leben und auch ihre bürgerliche Nahrung treiben, selbstverständlich auch die Kontributionsgelder mit abzutragen hätten.
Dagegen nahmen „die Beamten" Hoyas Gegenvorstellung und verwiesen darauf, dass die Amtsdiener in anderen Städten, wie etwa Nienburg, auch *„extempt"* seien. Mit Schreiben vom 1. Mai 1637 wies die Bürgerschaft darauf hin, dass, da doch von den dreihundert Feuerstellen des Fleckens bei Kriegsbeginn nunmehr lediglich noch 53 bewohnt seien, diese 53 nun ganz allein die hohen Kontributionsgelder zahlen müssten, *„weswegen auch kein Mensch mehr Lust habe, in diesen Flecken zu ziehen"*.
Mit Schreiben vom 1. Juli 1637 an den Drosten und den Amtmann „zur" Hoya, entschied Celle sodann, dass die Adressaten ihren Amtsdienern die Weisung, wonach sie bei Vorliegen der genannten Voraussetzungen nun auch Kontributionen zahlen müssen, mitteilen sollten. Zudem habe sich der Herzog an den General Sperreuther gewandt, um eine Ermäßigungen der verlangten Gelder zu erreichen.

Danach schien der Streit zunächst beigelegt zu sein. Die pessimistischen Worte der Bürger, wonach niemand mehr in den Flecken ziehen werde, scheinen sich nicht bewahrheitet zu haben. Allein im Zeitraum zwischen 1634 und 1648 sollen in der Kirchstraße zwanzig neue Wohnhäuser entstanden sein.[266] Zudem wird im Translationsstreit[267] von den Hoyaern im Jahre 1647 erwähnt, dass in der Langen Straße („Leute auf dem Steinweg") zwar von den einstmals zwanzig Häusern durch einen Brand nur noch fünf übrig geblieben seien. Mittlerweile (1647) habe man dort aber bereits wieder 21 Häuser zu verzeichnen. Der Flecken Hoya schien also wieder zu wachsen. Einzelheiten zu der Frage, wie und wann die meisten Gebäude zuvor verloren gingen, werden nicht mitgeteilt. Wahrscheinlich dürften die meisten Häuser bereits 1626, bei dem Rückzug der dänischen Truppen durch das von diesen gelegte Feuer, abgebrannt sein. Ein weiterer Brand wird für 1634 vermerkt. Ähnlich hohe Verlustzahlen an Wohnhäusern hatten auch die Städte Verden und Nienburg aufzuweisen. So seien bis 1633 in der Verdener Süderstadt 168 von 250 Häusern und in der Norderstadt immerhin

---

[266] Elfriede Hornecker, 1213 bis 2013, Hoya 2013, S. 11.

[267] NLA HA Celle Br. 61a, Nr. 5126, Blatt 97.

180 von 420 Häusern durch Feuer oder andere Ursachen zerstört worden.[268] In Nienburg wären von ursprünglich 500 Wohnhäusern bis Kriegsende nur 160 erhalten geblieben.[269]

4. Durchzug fremder Völker, Juli 1637

Am 8. Juli 1637 berichtete der Nienburger Amtmann an den Herzog in Celle, das *„am jüngsten Dienstag Abend, war der 4. Juli, gleich wie die Pforten sollten geschlossen werden, Zeitung anhero kommen, das die fremden Völker die im Amt Harburg gelegen, in der Hämelheide angelangt und gesinnt seien, in Hoya über die Weser zu gehen."*[270] Der Amtsschreiber aus Hoya sei am Mittwochmorgen nach Nienburg geritten und habe ihm nach Rücksprache mit dem Kom-

---

[268] Jürgen Siemers, Als in der Süderstadt die Wohnhäuser brannten, in: Verdener Allerzeitung vom 17.6.1998.

[269] Der Kreis Nienburg, Ein Heimatbuch des Kreises, herausgegeben vom Kreisausschuss Nienburg, Magdeburg 1935/1936, S. 60. Heckmann, a.a.O., S. 33, geht allerdings davon aus, dass bei Kriegsbeginn nur 350 Häuser vorhanden waren, von denen 160 abgebrannt seien. Sollte diese Zahl zutreffen, wären Hoya und Nienburg bei Kriegsbeginn aber annähernd gleich groß gewesen.

[270] NLA HA Celle Br. 11 Nr. 217.

mandanten, Oberstleutnant Nagel, mitgeteilt, dass dieser und der Kommandant in Hoya einen Durchzug nicht bewilligt haben. Auch wenn nicht mitgeteilt wird, wer zu dieser Zeit als Kommandant in Hoya diente, so ist doch davon auszugehen, dass hier weiterhin ein schwedischer Offizier das Sagen hatte und Hoya also zu dieser Zeit ständig mit einer schwedischen Garnison besetzt war. Beide Kommandanten hätten vielmehr eine Weserüberquerung der fremden Truppen in Nienburg favorisiert.

Bei diesen „fremden Völkern" hat es sich um schwedische (und mit ihnen verbündete französische) Truppen unter dem Kommando eines Oberst Schenck und Major Falkenberg gehandelt. Diese wollten, im Auftrag des vom französischen König Ludwig XIII. mit der Truppenwerbung beauftragten Feldmarschalls Rantzow, von Hamburg-Harburg kommend in Richtung Westen ziehend über bzw. durch die Weser gehen. In Harburg war demnach ein „Laufplatz" zur Anwerbung einer Truppe errichtet worden. Ihr Ziel dürfte die Grafschaft Bentheim gewesen sein, die von Ratzow Ende Juli 1637 gegen kaiserliche Einheiten erobert wurde.

Die Amtmänner und Drosten von Hoya, Bruchhausen und Siedenburg hatten auf die Nachricht von der Bedrohung kurzfristig verabredet, die Weserpässe oder „Vörden" (genannt werden in der Akte die Furten in Hingste, Schweringen und Hoya, wobei die Brücke in Hoya nach dem Brand von 1626 noch nicht wieder hergestellt war) mit ihren Untertanen zu besetzen. Auch wenn es sich bei den „fremden Völkern" nicht um feindliche sondern neutrale Truppen gehandelt hat, waren von ihnen Plünderungen und Gewalttaten zu befürchten. Also sollte ein Übergang verhindert oder zur Vermeidung von Exzessen zumindest bewaffnet „begleitet" werden. Die Beamten hätten auch genau berechnet, dass die in Bereitschaft versetzten Untertanen (*„Nun weren sie zu Hoya resolvired, ihre Mannschaft uffzubieten"*) gemeinsam durchaus eine Stärke hätten, die eine genügende Besetzung sämtlicher Pässe erlaube.

Allein die weitere Furt zwischen Rohrsen und Balge, die im Amt Nienburg lag, könnten sie nicht besetzen, weshalb der hoyaer Amtsschreiber den nienburger Amtmann bat, seine Untertanen zur Sicherung auch dieses „Passes" aufzubieten. Bereits um neun Uhr an diesem Tag kamen die Untervoigte von Sebbenhausen und Schweringen in Sebbenhausen zusammen und teilten die eintreffenden Dienstpflichtigen ein.

An der Furt zeigten sich dann gegen Mittag auf dem Ostufer der Weser einige Reiter. Die hier am Westufer inzwischen aufgebotenen „Untertanen" (in dem Bericht wird das Wort „Ausschuß" zwar nicht verwendet, genau darum dürfte es sich aber gehandelt haben) hätten nun versucht, diese Reiter, da man sie für einzelne Plünderer hielt, mit *„drei Gewehrschüssen"* – über die Weser hinweg ans andere Ufer - zu vertreiben. Daraufhin hätte sich am Ostufer aber plötzlich ein ganzes Regiment Reiter gezeigt und sei mithilfe einiger ortskundiger Bauern, die ihnen die seichte Übergangsstelle gezeigt haben, rasch auf der Furt durch die Weser gegangen.

Die fünfzig Ausschussleute auf dem Westufer hätten noch versucht, sich angesichts dieser ihnen nun schnell entgegenkommenden Übermacht zurückzuziehen, was aber, wie der Amtmann vermerkte, zu spät gewesen sei: *„Weil aber unmöglich, daß sie den Reitern entkommen können, haben die Reiter sie heftig verfolgt und ganz tyrannisch übereilet, niedergeschossen, erstochen, zerhauen…"* Dem Heinrich Buchop zu Balge hätte man sogar Pulver in die Kleidung geschüttet und ihn dann angezündet. Andere seien durch viele Stiche und Schüsse schwer verletzt worden. Der Nienburger Amtmann meldete schließlich insgesamt 28 aus Wietzen, Sebbenhausen und Balge stammende Tote.

Offenbar hatte ein Missverständnis zu dem Unglück geführt, denn während der Drost in Hoya mit den durchziehenden Truppen deren friedlichen Übergang bei Balge bereits vereinbart habe, seien die Untervoigte von Schweringen und Sebbenhausen immer noch davon ausgegangen, die Furt bewachen zu sollen.

Das „fremde Volk" habe sodann Balge einschließlich der Kirche geplündert und außerdem 30 Pferde, 3 Fohlen, 3 Esel, 38 Rinder und Kühe, 12 Kälber und 25 Schweine geraubt. Die Kühe hätten die armen Balger Bürger allerdings für 2 Taler und die Rinder für 1 Taler pro Stück im Wege einer „*Rantzion*" zurückkaufen können, was einige dann auch getan hätten (Womit der Preis je Kuh gegenüber dem Rückverkauf der Dänen von 1625 also von drei auf zwei Taler gefallen wäre). Die durchziehende Truppe sei am 6. Juli nach Asendorf, wo es ebenfalls Plünderungen gab, und schließlich weiter Richtung Westen gezogen und habe neben dem Vieh auch „*Johan Küpke zu Balge und Johans Sohn beim Kirchhoffe zu Witzen mit weggenommen und weiß man nicht, wie es ihnen geht*".

Der Obrist Nagel in Nienburg meldete angesichts der Katastrophe nach Celle, das er und der dortige Amtmann ganz unschuldig seien. Nagel war ja schon im Januar 1623 als in Hoya stationierter Capitän (Hauptmann) der Nie-

dersächsischen Kreisarmee erwähnt worden und fungierte im April 1637 also bereits als „schwedischer Oberstleutnant" in Nienburg. Er habe nicht ahnen können, dass die durchziehende Truppe anstatt über Nienburg gewaltsam durch Balge ziehen würde. Zudem habe er unverzüglich versucht, die fremde Abteilung zur Rückgabe des geraubten Viehs zu bewegen. Der nienburger Amtmann stellte eine Untersuchung an und verhörte die Überlebenden. Insbesondere wollte er wissen, was der zum Amt Hoya gehörige schweringer Untervoigt im Einzelnen befohlen habe und wie es zu dem Unglück kommen konnte. Er kam zu dem Ergebnis, dass der Untervoigt die Ausschusstruppe am Paß entweder hätte verstärken oder aber vor der Gefahr warnen und rechtzeitig abziehen lassen müssen. Besser wäre es, wie schon öfters gehandhabt, ohnehin gewesen, überhaupt keinen Widerstand zu leisten und das Vieh lieber eine Zeit lang vor den durchziehenden Truppen zu verstecken.
Vielleicht hat dieses Fiasko von Balge dann dazu geführt, dass hier und in Rohrsen drei Jahre später zwei Schanzen angelegt wurden, um die Furt hinfort gegen weitere Durchzüge zu sichern.

5. Die weitere Befestigung des Schlosses, 1638

Im September 1637 gelang es Herzog Georg die von den Schweden besetzten Städte Lüneburg und Winsen/Aller für das Herzogtum in Celle kampflos zurückzugewinnen.[271] Sodann zeigte er seinem Bruder in Celle am 13. November 1637 an, das er den Oberstleutnant von Schwanswell mit drei Kompanien Kavallerie und 250 Infanteristen nach Rethem geschickt habe, um von dort aus die schwedische Garnison in Nienburg zu beobachten. In einem anderen Schreiben vom 27. Dezember 1637 benachrichtigte er ihn, dass er das Detachement verstärkt habe, um bei Gelegenheit auch Hoya besetzen (und den Schweden wegnehmen) zu können. Dazu scheint es indessen nicht gekommen zu sein, da Hoya im Februar 1638 noch immer schwedisch besetzt war, wie sich aus einem ausführlichen Schreiben des damaligen hoyaer Drosts, Frantz-Dietrich von der Borg, aus Hoya an den Herzog in Celle vom 3. März 1638 ergibt.[272] Der Drost teilte mit, dass die Beschwerungen und der Trübsal im Amt Hoya von Tag zu Tag wüchsen. Die Schweden verlangten unerhört hohe Abgaben,

---

[271] Decken, a.a.O., Band 3, S. 129.

[272] NLA HA Cal Br. 16, Nr. 403/I, Blatt 54-57.

so etwa monatlich 40 Molt Hafer, 66 Fuder Heu und ebenso viel Holz, dazu noch 500 Palisaden von 15 Fuß Länge zur weiteren Befestigung des Schlosses: *„Zur mehren Befestigung dieses Hauses, umb welches nun ein paladisierte Contrecharge angefangen"*. Das „Contrecharge" wird man wohl als weiteres Außenwerk der Schlossbefestigung zu verstehen haben, das wahrscheinlich als Erdwall mit den als Zaun aufgesetzten Palisaden ausgeführt wurde. Hoya wurde jetzt also erneut als Festung ausgebaut.

Der Drost habe sich in Nienburg bei dem schwedischen Generalmajor von Cratzenstein[273] deshalb beschwert und zumindest erreicht, dass anstelle von 157 Molt Roggen derer nur 40 zu liefern seien. Auch der in Hoya kommandierende Hauptmann habe, auch angesichts des strengen Winterwetters mit Eisgang und Überschwemmungen, gewisse Erleichterungen zugesagt. Der Drost beklagte sich zudem darüber, dass er in seinem *„eigenen Haus"* (also im Schloss) wie ein Gefangener

---

[273] Wilhelm von Wendt zu Crassenstein, alias Cratzenstein, geboren 1603 in Diestedde, gestorben 1644 in Nienburg, zunächst in Diensten des Tollen Christian, dann bei der dänischen und schließlich bei der schwedischen Armee: www.30jaehrigerkrieg.de/Crassenstein, in: Warlich, Der Dreißigjährige Krieg in Selbstzeugnissen, Chroniken und Berichten.

lebe und sein Amt kaum ausüben könne. Er schlug dem Herzog vor, dass er sich eine Wohnung „im Flecken" nehmen wolle, damit – wenn Hoya erneut angegriffen und das Schloss belagert würde – wenigstens seine Bewegungsfreiheit erhalten bliebe und er so zumindest auf dem Lande ordnend eingreifen könne.
Sowohl nördlich wie südlich der Grafschaft Hoya kam es 1638 auch tatsächlich zu neuen Kampfhandlungen. Im März langten kaiserliche Truppen unter General Gallas, von Mecklenburg kommend, im Erzstift Bremen an. Schwedische Truppen unter den Generälen King und Königsmark (die mit 4700 Mann in Minden, Nienburg, Osnabrück und Vechta standen und eigentlich nach Thüringen abmarschieren sollten), besetzten daraufhin die Weser-Pässe. Es kam bei Thedinghausen und Rotenburg zu mehreren Gefechten, in denen die Schweden siegreich blieben.[274] Im Herbst zogen King und Königmark dann gegen ein kleineres kaiserliches Heer nach Lemgo ab, verloren gegen dieses aber ein Gefecht an der Oberweser und zogen sich daraufhin nach Minden zurück.
Im Amt Hoya kam es in diesem Zusammenhang offenbar zu keinen Kämpfen, wohl aber

---

[274] Du Jarry, a.a.O., Band 3, S. 169.

zu erneuten Plünderungen. So habe es bereits im Jahre 1638 im Zusammenhang mit den im Bremischen geführten Gefechten diverse Plünderungen durch kaiserliche Einheiten in den Ämtern der Grafschaft Hoya gegeben.[275] Erhalten geblieben ist eine Beschwerde des eitzendorfer Pastors Otto Lindemann vom 9. Januar 1639. Fünfzig Reiter vom kaiserlich-krichenbergischen Regiment hätten sich in Eitzendorf einquartiert, dem Pastor Geld und Gut geraubt und ihn schließlich (auf einem schlechten Pferd ohne Sattel, von dem er zweimal herabgestürzt sei) über Bruchhausen nach Wachendorf in ihr Quartier verschleppt. Dort habe er für seine Freilassung erneut Zahlungen leisten müssen.[276]

Auch danach gingen die Raubzüge der kaiserlichen Truppen weiter. So habe ein kaiserlicher Obrist-Wachtmeister namens Cranepfuhl im Sommer 1639 aus Oiste 4 Leute und 11 Pferde geraubt und trotz einiger Bemühungen auch

---

[275] Hahn, a.a.O., S. 24.

[276] NLA HA Hann 74 Hoya, Nr. 273. Otto Lindemann war 1628 bereits einmal „aktenkundig" geworden, als er mit dem Amtmann Balthasar Gödemann in Streit geriet. Der Amtmann und sein Voigt Johann Pickenpack hatten den Pastor dabei ertappt, wie er dem Amt gehörende Bäume nach Bremen verkaufen ließ, vgl. NLA HA Celle Br. 61a, Nr. 5139.

nach zwei Wochen weder die Menschen noch die Pferde „*restituiert.*"

Die Schweden waren zu dieser Zeit nicht gewillt und/oder nicht in der Lage, die im westlichen Niedersachsen und in Westfalen stehenden kaiserlichen Truppen zurück zu drängen oder wenigstens von deren bis an die Weser führenden Streifzügen abzuhalten. Genauso wenig machten aber die kaiserlichen Truppen irgendwelche Anstalten, um den Schweden Hoya und Nienburg wieder abzunehmen. Stattdessen verblieb es bei dem beiderseitigen Verlangen nach erheblichen Geldzahlungen.

Die Beamten in Hoya teilten am 2. August mit, dass kein Tag vergehe, an dem man nicht von den kaiserlichen Truppen deswegen hart bedroht würde. Zudem stand offenbar zu befürchten, dass sich die kaiserliche Armee noch weiter verstärkte. So bat Herzog Georg seinen Bruder in Celle am 15. August, er möge seine sämtlichen Beamten dazu anhalten, sich fleißig zu erkundigen, ob sie Erkenntnisse über die befürchtete Ankunft weiterer kaiserlicher Völker unter dem General Graf Piccolomini gewinnen könnten.[277]

Am 16. August 1639 beklagte sich dann Herzog Wilhelm von Harburg (die Herzöge in Harburg waren eine weitere Seitenlinie der

---

[277] **NLA HA Cal. Br. 17, Nr. 83.**

Welfen, denen jetzt Teile der bislang dem Fürstentum Braunschweig-Wolfenbüttel zugehörigen Ämter der Grafschaften Hoya und Diepholz als Erbe zugefallen waren), bei Erzbischof Ferdinand von Köln, der zu dieser Zeit gleichzeitig Bischof von Paderborn und Münster war, über die schlechte Behandlung der Grafschaft Hoya durch den westfälischen Reichskreis. Er beschwerte sich über das Verhalten der offenbar zur kur-kölner Armee gehörenden kaiserlichen Truppe in der im Stift Münster liegenden Garnison Vechta (die Schweden hatten Vechta im Jahr zuvor wieder räumen müssen). Die Grafschaft Hoya sei weit überproportional mit Reichsabgaben beschwert. Nach der „Reichsmatrikel" (in der die für die Reichsarmee zu stellenden Truppen oder finanziellen Leistungen der einzelnen deutschen Staaten, der sogenannte „Römermonat", festgelegt war) habe die Grafschaft Hoya monatlich nur 1230 Reichstaler zu zahlen. Tatsächlich würden von den kaiserlichen Truppen aber monatlich 4300 Taler geltend gemacht und durch systematische Plünderungen, von Vechta aus, mit Gewalt eingezogen. Auch in der Grafschaft Diepholz würden statt der geschuldeten 615 Reichstaler 1600 Taler geltend gemacht und gezahlt. Dagegen würden etwa die Grafschaften Lippe und Tecklenburg statt der geschuldeten 2638 bzw. 1669 nur 600 und

500 Reichstaler zahlen. In den Stiftern Osnabrück und Minden werde gleichfalls weniger gezahlt als eigentlich geschuldet sei. Allein Hoya und Diepholz müssten entgegen geltendem Recht ein Vielfaches zahlen. Hinzu käme für die Grafschaft Hoya – anders als für das restliche Westfalen – auch noch die schwedische Besatzung als Sonderlast. Man müsse schwedische Garnisonen in Nienburg und Hoya unterhalten und den Schweden zusätzlich Kontributionen zahlen. Auch die Magazine in beiden Orten würden allein von der Grafschaft unterhalten werden; so müssten die erforderlichen Lebensmittel und jede Menge Holz von den armen Leuten ganz allein geliefert werden. Das alles sei in höchstem Maße ungerecht und müsse dringend geändert werden. Der Herzog schließt seine Beschwerde mit dem Satz: *„So ist kein Ort in Westfalen mit Brand und Raub dieser Grafschaft gleich verderbt."*[278]

Tatsächlich kam es im Nachgang offenbar zu einem entsprechenden Abkommen, durch welches die auf der Grafschaft Hoya lastenden Abgaben zumindest wieder auf die nach der Reichsmatrikel geschuldeten Gelder reduziert werden sollten. Auch die gewaltsamen Exeku-

---

[278] NLA HA Cal. Br. 17, Nr. 83.

tionen sollten unverzüglich eingestellt werden.
Im November 1639 teilte Herzog Georg, der auch als Regent des Fürstentums Calenberg immer noch Kreisgeneral war, seinem herzoglichen Bruder in Celle mit, dass die Schweden (die jetzt offenbar auch das ganze Fürstentum Celle unter Androhung militärischer Exekution insgesamt zu hohen Kontributionszahlungen an die nienburger Garnison verpflichtet hatten) auch von seinen calenbergischen Ämtern Wölpe und Neustadt entsprechende Zahlungen erhielten. Das alles sei höchst unbefriedigend, aber man könne dagegen derzeit einfach wenig unternehmen.[279] Das Fürstentum Braunschweig-Wolfenbüttel war sogar gezwungen sein Amt Stolzenau, wegen Schulden von über 200.000 Reichstalern, an die von Kriegswirren weitgehend verschont gebliebenen Grafen von Oldenburg zu verpfänden.[280]
Trotz allen Ärgers mit den Schweden gingen die drei welfischen Fürsten nun aber erneut ein Bündnis mit ihnen, Hessen und Frankreich ein, da sie von Seiten des Kaisers nach wie vor bedrängt wurden, das von ihnen im sechzehnten Jahrhundert annektierte Stift Hildesheim

---

[279] NLA HA Cal Br. 17, Nr. 84.

[280] Gerhard Anton von Halem, Geschichte des Herzogthums Oldenburg, Oldenburg 1795, Band 2, S. 331.

zu restituieren. Mit Hessen verabredete das Gesamtherzogtum Braunschweig-Lüneburg zudem schon 1639 die Aufstellung einer gemeinsamen Armee von neuntausend Mann.[281]

6. Die Grafschaft wird „excarnifiziert", 1640

Am 24. März 1640 meldeten der hoyaer Drost, Frantz-Dietrich von der Borg, und der Amtmann, Johann Locke, ihrem Herzog eine neuerliche Plünderung des Amtes Hoya durch kaiserliche Truppen.[282] Soldaten aus der Garnison in Vechta hätten am vergangenen Sonntag, als gerade der Gottesdienst verrichtet worden sei, Martfeld angegriffen. Die Soldaten hätten 22 Männer als Geiseln abgeführt und 56 Pferde beschlagnahmt. Sie hätten die Kirche in Brand gesetzt und fast sämtliche Häuser geplündert. Hintergrund dieses Raubzuges seien die rückständigen Kontributionen, die von den kaiserlichen Befehlshabern auf dreitausend Reichstaler allein für das erste Quartal des Jahres festgesetzt worden seien. Zudem habe das Amt noch Rückstände vom vergangenen Sommer zu zahlen. Die Soldaten hätten

---

[281] Heinemann, a.a.O., Band 3, S. 96.

[282] NLA HA Cal Br. 17, Nr. 84.

damit gedroht, sofern die rückständigen Zahlungen nicht binnen weniger Tage erfolgen sollten, weitere Exekutionen solcher Art in anderen Dörfern vorzunehmen und dem Amt damit *„gleichsam den Garaus"* zu machen. Da man aber ja auch den Schweden gegenüber kontributionspflichtig sei, müsse man monatlich zweitausend Reichstaler zahlen, was dem verarmten Amt ganz unmöglich sei. Die Regierung möge doch bitte bei beiden Kriegsparteien nochmals intervenieren und auch erkunden, ob die in Gefangenschaft geratenen armen Leute und die beschlagnahmten Pferde nicht wieder freigegeben werden könnten.
Daraufhin wandte sich Celle nochmals an die kurkölnische Regierung und beklagte, dass alle bisherigen Abmachungen von dort nicht eingehalten würden. Der kaiserliche General-Wachtmeister[283] von Vehlen in Vechta wolle, weil er wohl aus dem Stift Osnabrück keine Zahlungen mehr erlangen könne, nun die Grafschaft Hoya wieder zu monatlichen Zahlungen von 4000 Reichstalern verpflichten und nehme zur Durchsetzung seiner Forderungen erneut brutale Plünderungen vor. Dabei wisse man doch ganz genau, dass nur noch die nach der Reichsmatrikel geltenden geringeren Sätze

---

[283] Unterster Generalsrang in der kaiserlichen Armee. Entspricht dem Dienstgrad Generalmajor.

zur Anwendung kommen sollten. Zudem hätten inzwischen auch die schwedischen und kaiserlichen Kommandeure längst anderes ausgehandelt; danach sollte das Stift Münster allein an die Kaiserlichen in Vechta und die Grafschaft Hoya allein an die Schweden in Nienburg Zahlungen leisten! Leider würden sich die kaiserlichen Truppen an diese Abmachungen aber nicht halten, so dass die Grafschaft Hoya nun geradezu *„excarnifiziert"* (entfleischt) werde und wohl noch bis zum bitteren Ruin an beide Kriegsparteien zahlen müsse. Da diese Grafschaft aber zum westfälischen Reichskreis gehöre, fordere man nunmehr den kurkölnischen Kreisgeneral Graf von Wahle auf, seine Kreisarmee so zu verstärken, dass er die Grafschaft Hoya (um die er sich bislang offenbar nicht gekümmert habe), effektiv beschützen könne, um zu verhindern, dass diese mehr als geschuldet zu zahlen habe.[284]

Sodann verhandelten die Welfen im Laufe des Jahres 1640 auch erneut mit Schweden über eine Räumung der noch besetzten Plätze und der Grafschaft Hoya.[285] Namentlich genannt wurden im April 1640 die noch schwedisch

---

[284] NLA HA Cal Br. 17, Nr. 84.

[285] Decken, a.a.O., Band 3, S. 202.

besetzten Orte Nienburg, Hoya, Blekede, Wolfsburg und Lemförde.[286]
Hoya blieb aber dennoch weiterhin besetzt. Jedenfalls ist belegt, dass schwedische Truppen noch 1641 und 1642 in Hoya standen. So teilte der schwedische Feldmarschall Torstenson den Abgeordneten der Grafschaft Hoya am 10. Dezember 1641 mit, dass er sich demnächst über einen Abzug der Garnisonen Hoya und Ehrenburg erklären wolle.[287] Die inzwischen vereinigte Armee des gesamten Herzogtums Braunschweig-Lüneburg war zwar mittlerweile erheblich auf sechs Kavallerie- und acht Infanterieregimenter (zu je zwölf Kompanien) vergrößert worden,[288] einen offenen Konflikt mit den offiziell wieder verbündeten Schweden wollte man aber nicht riskieren.
Die Hauptkriegsschauplätze verlagerten sich ab 1640 nach Schlesien, um 1641 in der Schlacht von Wolfenbüttel (Abwehr eines kaiserlichen Entsatzversuchs) noch einmal nach Norddeutschland zurückzukehren. Im Winter 1641 seien dann auch noch die mit Schweden und Braunschweig-Lüneburg verbündeten

---

[286] Decken, a.a.O., Band 4, S. 13.

[287] Hodenberg, UB Hoya I, Urkunde Nr. 1025.

[288] Decken, a.a.O., Band 4, S. 309.

Truppen des Herzogtums Sachsen-Weimar unter Marschall Guebriant auf ihrem Weg von der (erfolglosen) Belagerung Wolfenbüttels nach Osnabrück (wo sie mit den dort eingeschlossenen schwedischen Teilen Münster angriffen) plündernd durch die Grafschaft Hoya gezogen.[289]

7. Neuer Kontributionsstreit, 1641

Nachdem der 1637 in Hoya entstandene Streit über die Frage, ob auch die Beamten und sonstigen „Freien" einen Anteil an den Kontributionen zu zahlen haben, offenbar zunächst beigelegt war, kam es vier Jahre später zu einer weiteren Eskalation der Angelegenheit.[290] Unter dem 8. Februar 1641 findet sich erneut ein Schreiben der Bürgerschaft an die fürstliche Regierung. Darin wird unter Wiederholung des bisherigen Sachverhalts darauf verwiesen, dass die bisher in der Sache *„gegebenen Decrete zu keiner Wirklichkeit"* geführt hätten. Die Bürger beklagten, dass die Beamten und andere vorgeblich „Freie" sich weiterhin weitgehend der bürgerlichen Lasten entzögen.

---

[289] Hahn, a.a.O., S. 24; Stüve, a.a.O., Band 3, S. 221.

[290] NLA HA Celle Br. 61a, Nr. 5159.

Unter dem 28. desselben Monats wandte sich dann der „freie" Dietrich Beling an den Herzog. Über seine *„angeerbte"* freie Stätte hätten weder Bürgermeister noch Rat zu gebieten. Bereits sein Vater habe vom Grafen Otto ein Privileg erteilt bekommen, wonach er aller bürgerlichen Lasten enthoben sei. Der Bürgermeister habe ihm aber kürzlich gewaltsam Soldaten einquartiert und dadurch seine Freiheit gröblich verletzt. Er ersuchte daher darum, dass der Herzog den Bürgermeistern anbefehlen lassen möge, sich solcher Amtsanmaßung zu enthalten.

Ein Dietrich Beling wird an anderer Stelle als Kaufmann und Bauherr des heute noch in Hoya vorhandenen Gebäudes in der Deichstraße Nr. 11, das von ihm 1616 errichtet worden sei, genannt.[291] Im Zweifel dürfte es sich bei diesem Dietrich Beling wohl um den „privilegierten" Vater des jetzigen Beschwerdeführers gehandelt haben.

Mitten in ihrem Streit wurden dann im Sommer 1641 einige hoyaer Bürger und die beiden Bürgermeister von den Schweden wegen ihrer rückständigen Kontributionszahlungen vorübergehend verhaftet und in Nienburg in Ar-

---

[291] Hoya, Daten, Fakten und Entwicklungen aus acht Jahrhunderten, hgg. vom Heimatmuseum für die Grafschaft Hoya eV, S. 40.

rest genommen. Gleiches geschah dem Amtmann Locke im November 1641. Er hatte ja bereits 1636 in Nienburg im Arrest gesessen und wurde nun erneut verhaftet. Er berichtete[292] unter dem 9. November 1641 aus dem nienburger Gefängnis an seinen Herzog in Celle: Nachdem er am vergangenen Sonnabend von einer Dienstreise nach Hoya zurückgekehrt sei, wäre ihm gemeldet worden, dass eine *„starke Partei"* kaiserlicher Soldaten gewaltsam in das Amt eingefallen und über 50 Pferde und 300 Rinder sowie zehn arme Leute verschleppt habe. Die Rinder seien den Kaiserlichen aber von einer Abteilung lüneburgischer Reiter, die sich gerade in Hassel aufhielten, wieder abgejagt worden. Mit den Pferden, von denen sich elf im Eigentum des Amtmannes selbst befanden, seien die kaiserlichen Truppen aber entkommen. Hintergrund des Raubzuges seien wieder einmal ausstehende Kontributionszahlungen des Amtes gewesen. Wenige Tage später wäre dann eine Ordonanz des (schwedischen) Regiments Cratzenstein aus Nienburg bei dem hoyaschen Kommandanten erschienen. In dem überbrachten Schreiben wurden der Drost und der Amtmann beschuldigt, die Verantwortung für den (kaiserlichen) Raubzug zu tragen. Sie hätten

---

[292] NLA HA Celle Br. 11, Nr. 257.

ihre Untertanen nicht genügend verwarnt (um die fälligen Kontributionen rechtzeitig abzuliefern). Die an die Schweden zu leistenden, bislang gestundeten, Kontributionen würden nun ebenfalls fällig gestellt werden. Der Drost, Frantz-Dietrich von der Borg, wurde in Hoya arrestiert, der Amtmann Locke aber nach Nienburg überführt. Die Schweden wollten ihn nur gegen Zahlung eines Betrages von eintausend Reichstalern wieder freigeben. Der Amtmann beklagte sich daher bei seinem Herzog, dass er doch nichts dafür könne, wenn die verarmte Bevölkerung die Kontribution nicht mehr aufbringen könne. Ganze Dorfschaften seien schon *„verlauffen"* und das Geld reiche kaum noch hin, um die Amtsdiener zu bezahlen. Der Herzog möge dem Generalmajor in Nienburg doch bitte empfehlen, den unschuldig arrestierten Amtmann zu entlassen.

Aus alledem wird deutlich, dass die Hoyaer weiterhin nicht allein den (zu dieser Zeit verbündeten) Schweden sondern auch den Kaiserlichen gegenüber abgabenpflichtig waren. Unklar bleibt allerdings, wo genau damals die Front zwischen den Kriegsparteien verlief. Ebenso undeutlich bleibt auch, ob die kaiserlichen Truppen allein auf dem Westufer der Weser standen oder sich sogar östlich derselben zeigten. Unklar bleibt schließlich, wo die erwähnten lüneburgischen Reiter die kaiserlichen Truppen eingeholt und ihnen die Rinder wieder abgenommen haben. Da die 1626 abgebrannte Weserbrücke erst lange nach Kriegsende (im Jahre 1668) wieder aufgebaut wurde,[293] steht zu vermuten, dass die eine oder andere Partei die Weser durch eine der vorhandenen Furten durchquert haben muss. Fest steht aber, dass die Kontributionspflicht des Amtes Hoya auch in den Jahren 1641/1642 immer noch gegenüber beiden Kriegsparteien fortbestand. Die Akte NLA HA Hann. 74 Hoya, Nr. 499 enthält eine detaillierte Aufstellung der übergebenen Kontributionsrechnungen für sämtliche amtszugehörigen Gemeinden von Juli 1641 bis September 1642. Danach musste der Flecken Hoya an die kaiserliche Armee 244 und an die Schweden 981 Reichstaler zahlen. Für Bücken waren es sogar 321 bzw. 1063 Taler. Am billigsten kamen Nordholz mit 60/195 und Windhorst mit 79/237 Talern davon. Die höchsten Abgaben hatten Asendorf (745/2688) und Schweringen (616/2439) zu tragen. Die kaiserliche Armee bekam also jeweils einen kleineren Anteil zwischen 20 und 25 Prozent des Gesamtaufkommens, während der Großteil der Abgaben an die Schweden floss. Allein in Wechold, das

---

[293] Hoya, Daten, Fakten und Entwicklungen aus acht Jahrhunderten, a.a.O., S. 23.

1500 Taler an die Kaiserlichen und 1519 Taler an die Schweden zahlte, wurde die Kontributionslast, ohne jede ersichtliche Ursache, fast hälftig verteilt (während die benachbarten Gemeinden Magelsen und Eitzendorf, wie die anderen Gemeinden des Amtes Hoya, einen Verteilungsschlüssel von 20 zu 80 Prozent ausweisen). Noch unerklärlicher ist, weshalb Eystrup und Hassel, aber auch Heesen, Mehringen, Ubbendorf und Hilgermissen - anders als das unmittelbar benachbarte Wechold - dagegen alleine an die schwedische, nicht aber an die kaiserliche Seite Zahlungen erbrachten. Für Hassel und Eystrup mag sich dieser Unterschied daraus erklären, dass sie östlich der Weser liegen und damit der direkten Einflusssphäre der jenseits des Flusses stehenden kaiserlichen Truppen entzogen waren. Erstaunlich ist auch, das Eystrup („Eißdorff") mit 3645 Talern, allein an die Schweden, sogar noch höhere Leistungen als das, gegenüber beiden Parteien zahlungspflichtige, Asendorf erbringen musste.[294]

---

[294] Im „Viehschatz und Zinsschatz" 1630/1631 war im gesamten Amt ein Betrag von 918 Reichstalern an das Amt zu zahlen, davon entfiel der größte Betrag noch auf Hoya (115), dann Schweringen (86), Bücken (62) und Hoyerhagen (53). Wechold hatte 20, Eystrup 15 und Asendorf sogar nur 5 Reichstaler zu zahlen.

Die Abgabenpflicht des Amtes blieb jedenfalls eine ständige Sorge. Mit Schreiben vom 3. Juni 1642 beklagte der Schatzschreiber in Hoya, das *„dieser verderbte Flecken"* die fälligen Kontributionen erneut nicht aufbringen könne und deswegen wiederum eine militärische Exekution drohe. Zu allem Überfluss solle der Flecken nun auch noch zusätzlich eine *„Compagnie zu Pferd"* vom Herzog von Holstein verpflegen,[295] was, da es sich um Kreistruppen handelte, aber zumindest einen gewissen Schutz gegen erneute gewaltsame Exekutionen gewährleistet hätte.

Auch der Amtmann wurde in diesem Frühjahr erneut von den Schweden in Arrest genommen.[296] Diesmal habe er, stellvertretend für das Amt, eine Forderung von 1500 Reichstalern zahlen sollen. Er lag für vierzehn Tage im Nienburger Stockturm, bevor ihn ein Oberst *„Dugklas"* durch hartnäckiges Zureden bei

---

[295] NLA HA Celle Br. 11, Nr. 275/II.

[296] NLA HA Hann. 88B, Nr. 2827, Bl. 179 f.

dem Generalmajor Cratzenstein *„frei gemacht"* und jener ihn entlassen habe.[297]
Auch in Bücken seien noch 1642 mehrere Bürger als Geiseln von den kaiserlichen Truppen nach Vechta verschleppt worden, um der fortwährenden Forderung nach Abzahlung der Kontributionen Nachdruck zu verleihen.[298]

8. Wie die Schafe ohne Hirten, 1642

Im fleckensinternen hoyaer Streit um die Verteilung der Lasten zwischen Bürgern, Beamten und sonstigen „Freien" gab es nun Bewegung. Der inzwischen wieder freigelassene Amtmann Johann Locke teilte seinem Herzog am 29. Juli 1642 mit, dass die Beamten sich nun freiwillig mit 16 Reichstalern an der Kontribution beteiligten, die Bürgermeister damit aber immer noch nicht *„friedlich"* sein wollten. Im Übrigen wies er darauf hin, dass im Flecken Bruchhausen kein Beamter Zahlungen leisten müsse und dort sogar die beiden Bürgermeister selbst solche „Freiheit" (auch in Bezug auf

---

[297] Bei diesem Oberst „Dugklas" dürfte es sich um den in schwedischen Diensten stehenden Robert Douglas, geboren 1611 in Schottland, zwischen 1636 und 1643 Oberst, dann Generalmajor, gestorben 1662 in Stockholm als Graf von Skänninge, gehandelt haben.

[298] 1100 Jahre Bücken, a.a.O., S. 254.

ihre „bürgerliche Nahrung") genössen. Der Amtmann teilte zudem mit, dass er sich inzwischen auch genötigt gesehen habe, den Bürgermeister Harm Beste bis auf weiteres in Arrest zu nehmen. Beste habe wiederholt, wie bereits im letzten Jahr bei Dietrich Beling geschehen, bei nachweislich „Freien" Einquartierungen von Soldaten vorgenommen und sich auch auf nachhaltige Ermahnungen nicht einsichtig gezeigt. Ob seines *„großen Mutwillens und Frevels"* sei die Arrestierung nötig geworden, bis der Bürgermeister seinen *„Unfug und seine Opposition"* erkennen wolle.
Daraufhin beklagten sich die Bürger am 5. September wiederum in Celle. Die *„sämtlich abgematteten und ausgesogenen Bürger zur Hoya"* seien nun schon dreimal von gewaltsamen schwedischen Exekutionen wegen rückständiger Kontributionen betroffen worden. Zudem hätten „die Beamten" nun auch noch selbst eine solche Exekution gegen ihre eigenen Bürger begonnen, Pferde und Kühe gepfändet und mittlerweile beide Bürgermeister *„incarciert"* (also: in den „Karzer" gesteckt). Dabei hätten die Bürgermeister lediglich ihre Pflicht getan. Sie hätten dem General Cratzenstein in Nienburg die vom Herzog zwischenzeitlich ergangenen Einigungen über die Milderung der Kontribution vorgezeigt und sich vergeblich um entsprechende Stundungen bemüht.

Die hoyaer Beamten hätten aber obendrein verlangt, dass die Bürgermeister ihre „widersetzlichen" Bürger, welche die rückständigen Kontributionen nun nicht mehr aufbrächten, zwecks Bestrafung melden müssten. Zudem sollten sie dem Amt ein Verzeichnis der einzelnen Zahlungen übergeben.

Die Bürger beschwerten sich, dass ein solches Verlangen *„der Freiheit wie von Grafen und Euer Fürstlichen Gnaden privilegiert zuwider (sei), dann wären wir den Bauern gleich, es scheint, das man uns das Maul gar will zubinden"*. Jedem, der sich beschwere, werde mit Gefängnis gedroht und man habe Sorge, dass die beiden Bürgermeister, wenn man sie so *„tractiere"*, sich ihres Amtes (wörtlich) *„abtun und davon ziehen, wie denn die Ratsherren schon davon sind und wir wie die Schafe ohne Hirten leben"*.[299]

Im September 1642 übergab die Bürgerschaft dann das geforderte Verzeichnis der inzwischen offenbar tatsächlich ermäßigten Kontributionszahlungen. Darauf finden sich 47 Namen von Bürgern, die Zahlungen leisten (und 13 *„Gefreyte, die sich der Kontributionszahlungen verweigerten"*). Unter den Abgabenpflichtigen finden sich sechs Schmiede, vier Bäcker, je drei Schuster, Schneider und Barbiere, Brauer, Kramer/Händler sowie je zwei Zimmerer,

---

[299] NLA HA Celle Br. 61a, Nr. 5159.

Krüger/Gastwirte und Fischer. Ferner gibt es je einen Maurer, Kalkschläger, Boten, Schlachter, Schreiber und Färber. Bei den anderen Bürgern wird kein Gewerbe angegeben, sie verfügten aber zumeist (ebenso wie die zuvor genannten) über ein bis zwei Kühe, teilweise auch Pferde und Ländereien. Genannt ist auch Johan Solter, der 1637 noch für seine Kritik an den hohen Zahlungen auffiel. Er wird als *„baecker mit haus"* gelistet und muss nun nur noch sechs statt bislang (bezeichnet als nach „altem Verzeichnis") 24 Groschen zahlen. Am höchsten wird nach der Neufestsetzung jetzt Joachim Frese, dem zwei Häuser, drei Kühe und zwei Pferde gehören und der als „Kramer" angegeben wird, mit 24 Groschen veranlagt. Diese Summe setzte sich aus 8 Groschen für Gewerbe und Haus, 8 Groschen für die drei Kühe und 8 Groschen für die zwei Pferde zusammen. In der Liste findet sich auch ein Carsten Rurade, Schmied und Krüger mit zwei Kühen, der neun Groschen zu zahlen hat. Bei ihm dürfte es sich um den Bürgerkönig des zweiten nachweisbaren hoyaer Bügerschießens handeln, der 1655 als „Kasten Rurede" auf einer Silberplakette der Königkette verewigt ist. Aufgeführt ist auch ein Repke Stolting, Grobschmidt, bei dem es sich wohl um den Vater des Bürgerkönigs Gade Gerdt Stolting von 1656 handeln könnte. Allein Curdt

Zinne, der 1629 vom Amtmann verhaftete Wassermüller, findet sich in der Liste weder als abgabenpflichtig noch als „davon gegangen". Er wird Hoya wohl schon unmittelbar nach seiner Haftentlassung verlassen haben.
In der Liste fehlen ohne Erklärung auch die beiden Bürgermeister von 1637, Harm Beste und Heinrich Precht (die aber 1653 wieder bzw. immer noch als Bürgermeister genannt werden).[300] Vielleicht waren sie als Gegenleistung für ihre Dienste gleichfalls von der Kontribution (und anderen bürgerlichen Lasten) ausgenommen. Für diesen Zusammenhang spricht die Tatsache, dass auch Dittrich Meyer, der ehemalige Bürgermeister (um den 1637 der erste Streit zwischen dem Amtmann und den neuen Bürgermeistern entbrannt war), ebenfalls im *„Verzeichnis der Gefreyten, so sich der Contribution zu geben verweigern"* aufgeführt wird.
Erwähnt werden auch Jobst Steinmann (der 1637 noch als Stadtratsmitglied fungierte) und Friedrich Fischer (der 1637 mit dem Amtskopisten in Streit geraten war und in Celle im Arrest saß). Beide werden neben 18 weiteren Bürgern als *„aus Not und Armut davon gegangen"* aufgeführt. Während Steinmann nach Verden verzog, wird Fischer mit dem Vermerk

---

[300] Evert, a.a.O., S. 257.

„*in den Krieg gezogen*" erfasst. Warum nur zwanzig fortgegangene Bürger, die nach Nienburg, Bremen, Delmenhorst, Verden, Bruchhausen und Drakenburg gezogen sind, genannt werden und was aus den anderen „fehlenden" gut 150 Familien, die bei Kriegsbeginn noch in Hoya gewohnt haben sollen, geworden ist, wird nicht erhellt. Immerhin neun der fortgezogenen zwanzig Bürger sind mit dem Zusatz „*Soldat geworden*" gelistet. Drei von diesen neun Soldaten[301] dienten als Kavalleristen bei einem Rittmeister Köhler in Nienburg. Dieser Rittmeister, Anton Günter Köhler, stammt offenbar aus Bruchhausen, wo er sich zunächst, bei Kriegsbeginn, den Mansfeldschen Truppen angeschlossen hatte. Später stand er in schwedischen Diensten und brachte es dort bis zum Oberstleutnant. Ab 1627 war er zudem Landhauptmann der Untergrafschaft Hoya und kaufte 1637 dann die Vollmeierstelle Nr.1 in Dedendorf, wo er hinfort als „Kriegsgewinnler" galt.[302] Im selben Jahr erhielt (zufällig?) übrigens auch der zweite einheimische Oberstleutnant, Johann Friedrich

---

[301] „Reuter" Gerdt Schepen, „Corporall" Johann Köster und „Reuter" Thomas Gellensen.

[302] Dietrich Schröder, Dedendorfer Chronik, Eystrup 1998, S. 45.

Emminga[303] (damals noch „Emynga" geschrieben), für seinen „Nordhof" in Oberboyen (für treue Dienste und gegen Zahlung eines einmaligen Betrages von 700 Reichstalern) für sich und seine Erben eine dauerhafte Abgabenfreiheit.[304] Seine einzige Pflicht bestand hernach noch im (ritterlichen) „Roßdienst".

Beachtlich ist die in diesem Kontributionsstreit für den Flecken Hoya genannte Zahl von dreihundert Feuerstellen im Jahre 1622 („bei Kriegsbeginn"). Bislang war davon ausgegangen worden, dass noch 1583 erst 162 Feuerstellen in Hoya vorhanden gewesen wären.[305] Allerdings nennt auch das Hoyaer Lagerbuch von 1583 bereits 208 Familiennamen.[306]

---

[303] Emminga habe 1638 in mecklenburgischen Diensten gestanden und ein Kommando in Schwerin geführt, vgl. www.30jaehrigerkrieg.de/eminga, in: Warlich, Der Dreißigjährige Krieg in Selbstzeugnissen, Chroniken und Berichten.

[304] NLA HA Hann 88B, Nr. 2827, Blatt 308.

[305] Evers, Reinhard, Der Flecken Hoya, Hoya 1979, S. 26.

[306] Wobei das erst später vorgesetzte Namensregister, an dem sich Evers eventuell orientiert haben könnte, tatsächlich auch nicht alle der im Jahre 1583 verzeichneten 208 Familiennamen wiedergibt.

9. Untersuchungen gegen den Amtmann, 1644

Obwohl das gesamte Herzogtum Braunschweig-Lüneburg mit seinen drei unabhängig voneinander regierten Fürstentümern bereits im Jahre 1642 mit dem Kaiser erneut (1635 hatte man bereits einmal Frieden geschlossen) einen „endgültigen" Friedensvertrag schloss und damit zumindest die Kontributionen hätten beendet sein müssen, verschlechterte sich die wirtschaftliche Lage des Amtes Hoya bis Kriegsende offenbar noch weiter. In einem „Memorial" vom August 1644 ordnet die Regierung in Celle eine Untersuchung der Geschäftsführung des Amtes an.[307] Die dazu nach Hoya entsandte Kommission unter Leitung des celleschen Rentmeisters und des hoyaschen Landdrosten von Hammerstein identifiziert nach vielen Befragungen und Vernehmungen dann auch einen Schuldigen für den wirtschaftlichen Niedergang des Amtes: Der Amtmann Johann Locke habe versäumt, sein Amt ordentlich zu führen. Die Kommission prüfte sämtliche seit Amtsantritt Lockes im Jahre 1629 ausgestellten Rechnungen und kam zu dem Ergebnis, das seine Buchführung zumindest mangelhaft war. Locke habe auch

---

[307] NLA HA Hann. 88B, Nr. 2827.

eingeräumt, keine „Manualia" geführt zu haben. Die vorgelegten Rechnungen hätten häufig nicht mit den abgeführten Beträgen aus den Geldregistern übereingestimmt. In mehreren Fällen seien von den eingenommenen Geldern zwischen fünf und zehn Prozent nicht abgeführt worden. Eine Befragung von über dreißig Zeugen habe dieses Ergebnis bestätigt. So gab Curt Dittmers am 27. August 1644 zu Protokoll, dass er jährlich drei Malt Gerste und fünf Malt Hafer sowie ein „feistes" und ein mageres Schwein an Abgaben zu leisten habe. Dem Amtmann habe er auf die Abgabe an Gerste für zwei Jahre zehn Reichstaler und dem Kornschreiber im vergangenen Jahr nochmals zwölf Taler gezahlt. Im letzten Jahr habe er dem „Schweinemeister" die Schweine bezahlt und dazu noch verschiedene Gelder gegeben. In den Rechnungen des Amtes würden sich alle diese Leistungen aber nicht wiederfinden.

Mehrere Zeugen hätten auch berichtet, dass der Amtmann ihnen entweder keine Quittungen ausgestellt oder sie aufgefordert habe, vorhandene Quittungen zu vernichten. Zudem seien viele „wüste" Höfe mit zu hohen Abgabenlasten belegt worden, so dass niemand ein Interesse an der Übernahme dieser verlassenen Hofstellen habe. Die Kommission betonte, dass die Fußknechte und Untervoigte des Amtes sämtlich *„einfältige Leute"* seien, die ihre Aufgaben nicht ordnungsgemäß wahrnehmen würden. Eine genügende Dienstaufsicht habe auch nicht stattgefunden. Es sei zu prüfen, ob nicht *„etzliche"* dieser unnützen Beamten ganz abgeschafft werden könnten.

Soweit das Amt nur seine wirtschaftlichen Möglichkeiten besser nutzen würde, könnten viel mehr „feiste" Schweine (zu je drei Reichstalern) und Schafe (zu einem Reichstaler) gehalten werden. Auch hapere es vor allem auf den Landwegen an einer strikten Zolleinnahme (geschätzter Verlust: 700 Reichtaler) und einer aktiven Wiederbesetzung der abgabenpflichtigen Höfe. Das Amt verfüge eigentlich über fünf Wind- und drei Wassermühlen, die jährlich 1400 Reichstaler eingebracht hätten. Drei der fünf Windmühlen seien aber eingegangen und es wäre, ob des Mangels an Mühlen, dringend nötig, diese verfallenen Mühlen wieder aufzurichten. Die Einnahmen aus den Mühlen beliefen sich jetzt nur noch auf 800 Taler. Alles in allem könnte das Amt bei einer Reduzierung der Beamtensaläre (auf höchstens 2606 Reichstaler) einen Überschuss von jährlich 13.464 Reichstalern erwirtschaften. Die Kommission legte dem Amtmann aufgrund der vielen Nachlässigkeiten und Vorwürfe daher nahe, seinen Abschied einzureichen.

Johann Locke verteidigte sich umgehend gegen diese Anwürfe. Es habe niemals eine Vorschrift darüber gegeben, dass im Amt ein „Manual" in bestimmter Form zu führen sei. Er habe zudem sechzehn Jahre lang pünktlich seine Rechnungsübersichten vorgelegt und diese seien bislang nie beanstandet worden. Selbstverständlich habe er die abgabenpflichtigen Untertanen niemals aufgefordert, Quittungen zu vernichten. Solche Behauptungen stammten von missgünstigen Personen, mit denen er in Ausführung seiner Amtsgeschäfte aneinandergeraten sei. Falls in Einzelfällen Differenzen zwischen Einnahmen und Ausgaben bestünden, habe es dafür jeweils gute Gründe gegeben. Er und seine Beamten hätten niemals betrogen oder in „böser Absicht" gehandelt. Soweit in Einzelfällen keine Quittungen ausgestellt worden seien, habe das an besonderen Umständen gelegen. Er könne sich noch erinnern, das der „Schweinemeister" und der Hausvoigt auf dem Vorwerkhof in Hoya öfters in seiner Abwesenheit die von den Bauern dem Amt geschuldeten (Zins-)Schweine angenommen hätten, dann aber schlicht vergessen worden sei, die Annahme zu quittieren. Zudem habe bekanntlich während seiner gesamten Amtszeit Krieg geherrscht. Es habe Plünderungen, Einfälle, Einquartierungen und Durchzüge gegeben. Einmal habe sich ein Ma-

jor mit mehreren Offizieren zur Nachtzeit einfach in der Amtsstube (seines Amtshauses), deren Tische voller Briefe und Amtssachen gewesen seien, einquartiert und ein heilloses Durcheinander verursacht, so dass auch Rechnungen verloren gegangen seien. Er habe sein Amt jedenfalls so gut es ihm eben möglich gewesen sei versehen und bitte doch darum, ihn seine Geschäfte weiter führen zu lassen.
Die Regierung ließ sich aber nicht mehr umstimmen. Im Sommer 1645 wurde Locke durch den bisher in Langenhagen als Voigt eingesetzten Heinrich von Drebber ersetzt. Dieser teilte seinem Fürsten am 3. Juli 1645 mit, dass er sich in Bruchhausen bei dem Herrn „Landdrosten", Hans Adam von Hammerstein, bereits angemeldet habe. Tagleich wurde der neue Amtmann für Dienstag, den 19. August auf „sieben Uhr morgens" in die herzogliche Kanzlei in Celle bestellt, um ihn in seine neue Stelle einzuweisen. Der bisherige Amtmann Johann Locke könne (worum er gebeten hatte, da sein Wohnhaus in Verden ruiniert und sein ihm vom Fürsten in Wienbergen verliehener Meyerhof erst hergerichtet werden müsse) bis dahin noch im Amtshaus wohnen bleiben.

10. Das Kriegsende, 1648

Inwieweit die Grafschaft Hoya trotz des Friedensschlusses mit dem Kaiser weiterhin Abgaben zahlen musste, bleibt offen. Das Reich befand sich weiterhin im Krieg mit Schweden und Frankreich und die Reichsländer hatten daher, zur Unterhaltung einer Reichsarmee Sondersteuern nach der Reichsmatrikel zu zahlen. 1643 zog, nach sechzehnjähriger Besatzung, die kaiserliche Garnison vertragsgemäß auch aus der vollkommen verwüsteten braunschweigischen Festung Wolfenbüttel ab. Im Jahre 1644 brach dann zwischen Schweden und Dänemark, als weiterer Sonderkriegsschauplatz des Dreißigjährigen Krieges, ein neuer Konflikt aus, der zu einem schwedischen Feldzug in das Erzstift Bremen führte. Dieses Stift war bei Beginn des Dreißigjährigen Krieges zunächst von den Dänen durchstreift und dann 1627 von kaiserlichen Truppen besetzt worden. Der Kaiser hatte den (protestantischen) Erzbischof Johann Friedrich von Holstein im Zuge der Restitutionspolitik verdrängt, und einen Katholiken (Erzherzog Leopold Wilhelm) an seine Stelle gesetzt. 1631 gelang es dem verdrängten Erzbischof Johann Friedrich aber mithilfe der Schweden sowohl das Erzstift (mit den wichtigsten Orten Stade, Buxtehude und Bremervörde aber ohne die seit langem selbständige Stadt Bremen) wie auch das Fürstbistum Verden wiederzuerobern. Als Johann Friedrich 1634 verstarb, folgte ihm der dänische Prinz Friedrich, zweiter Sohn Christian IV., nach. Damit war das Erzstift im Jahre 1644 aus schwedischer Sicht (dänisches) Feindesland, so dass General Graf Hans Christoph von Königsmark noch im Jahre 1644 Langwedel und im folgenden Sommer das gesamte Erzstift, einschließlich des Fürstbistums Verden, eroberte. Die Schweden hielten dann beide Länder bis zum Kriegsende besetzt.

Endlich unternahm 1646 eine aus Böhmen kommende weitere schwedische Armee unter Feldmarschall Wrangel, wohl auch zur Verbesserung der eigenen Verhandlungspositionen bei den bereits angelaufenen Friedensgesprächen, einen neuen Versuch, ganz Westfalen zu besetzen. Wrangel vermochte die Städte Höxter und Paderborn von den dort immer noch stehenden kaiserlichen Truppen zu erobern.[308] Der schwedische General Königsmark griff zugleich, vom Stift Bremen aus, die von kaiserlichen Truppen gehaltene Festung Vechta an, welche nach längerer Belagerung 1647 ebenfalls erobert werden konnte. Die Grafschaft Hoya blieb diesmal offenbar von den im Norden und Süden tobenden Kämpfen weit-

---

[308] Du Jarry, a.a.O., Band 2, S. 411.

gehend unbehelligt. Der hoyaer Landdrost von Hammerstein war sogar mit nach Vechta gereist, um der Belagerung beizuwohnen. So berichtete der neue hoyaer Amtmann Heinrich von Drebber am 10. Mai 1647 nach Celle, dass der Herr Landdrost soeben aus dem Lager vor Vechta kommend wieder in Hoya eingetroffen sei. Vor Vechta seien die Laufgräben bereits bis an die Festungswälle vorgeschoben worden und der Sturmangriff auf die Festung könne bald erfolgen.[309]

Neue Abzugsverhandlungen mit den Schweden, für alle welfischen Herzogtümer geführt vom calenbergischen Kriegsrat „Otto Otto", erbrachten zunächst wenig. Es blieb auch im Jahr 1647 noch bei einer monatlichen Kontributionspflicht der Grafschaft Hoya von 3600 Reichstalern und einem zusätzlichen „Fortificationsgeld" für den Festungsbau von 500 Reichstalern, wie es bereits 1643 von Feldmarschall Torstenson festgesetzt worden sei. Allerdings untersagte der neue schwedische Oberbefehlshaber, Feldmarschall Wrangel, seinen Truppen *„der Untertanen Kinder und Gesinde"* weiterhin gewaltsam zu entführen um sie zum Dienst in der schwedischen Armee zu nötigen. Es solle ein entsprechender Befehl an den Oberst Wulff in der Grafschaft Hoya erge-

---

[309] NLA HA Celle Br. 61a, Nr. 5126, Blatt 42 f.

hen. Die wohl zwischenzeitlich doch erfolgte Räumung des Hauses Hoya durch die schwedische Garnison sei mittlerweile wieder – allerdings im Wege einer „friedlichen Invasion" - rückgängig gemacht worden, weil die Beamten der Grafschaft nicht besser Acht gegeben hätten und daher eine feindliche Besetzung Hoyas gedroht habe.[310]

Also blieb Hoya weiterhin besetzt, wie sich auch aus Akten von 1646 (ein Gesuch des schwedischen Kapitäns Stewart[311] „auf dem Hause Hoya" und eine weitere Korrespondenz bezüglich der Räumung des Hauses Hoya[312]) ergibt.

Auch der ehemalige Amtmann Johann Locke, musste schließlich - nach seinem unfreiwilligen Eintritt in den Ruhestand - um Zahlungsaufschub nachsuchen. Von Wienbergen aus bat er schriftlich bei dem Amt Hoya um eine Stundung seiner Verpflichtungen, da die Ernte verdorben und die Kontributionspflichten zu hoch seien. Das lehnte das Amt aber zunächst ab, da mit dieser Begründung auch jeder andere Untertan seine Zahlungspflichten aussetzen könnte. Daraufhin meldete sich Locke am

---

[310] NLA HA Celle Br. 11, Nr. 320.

[311] NLA HA, Celle Br. 61a, Nr. 5193.

[312] NLA HA Celle Br. 11 Nr. 315.

20. Juli 1648, diesmal mit der Ortsangabe Nienburg, unmittelbar bei seinem Herzog.[313] Er habe bereits einen Teil seiner Schulden beglichen, müsse aber wenigstens hinsichtlich der zwanzig Reichstaler, die er für das Jahr 1645 noch dem Amt schuldig geblieben sei, einen Zahlungsaufschub erhalten. Sein Vermögen sei ja auch wegen des Verlustes seiner „zwölf" guten Pferde (in 1641 hatte er noch elf verlorene Pferde genannt) bereits sehr geschmälert und er müsse von seinen vorhandenen liquiden Mitteln auch noch seine Kinder *„theils uff Universitäten erhalten"*.
Im Westfälischen Frieden mussten die Welfen 1648 schließlich endgültig auf „ihr" Bistum Minden zugunsten Brandenburgs verzichten. Dafür konnten aber die schwedischen Begehrlichkeiten bezüglich der Grafschaften Hoya und Diepholz abgewehrt werden. Schweden erhielt als „Kriegsbeute" das Erzstift Bremen sowie das Fürstbistum Verden, die beide (ebenso wie das Fürstbistum Minden, das von nun an Teil Brandenburg-Preußens war) säkularisiert wurden, so dass es fortan keine regierenden Bischöfe mehr gab, sondern beide Länder als Herzogtümer zur schwedischen Krone gehörten. Damit verlief die Grenze des Amtes Hoya zum Königreich Schweden nun

---

[313] NLA HA Celle Br. 61a, Nr. 5192.

für die nächsten 67 Jahre, bis auch diese Gebiete schließlich von den Welfen erworben werden konnten, an der heutigen Kreisgrenze zum Landkreis Verden entlang. Das Hoyaer Schloss wurde von den Schweden wohl erst einige Zeit nach dem Friedensschluss, im Mai 1649, wieder an die Welfen zurückgegeben.[314] Nienburg blieb sogar noch bis 1650 schwedisch besetzt.[315]

Das Amt Hoya hatte bei Kriegsende (zumindest zwischenzeitlich) mehr als ein Drittel seiner Einwohner verloren, viele Höfe lagen zeitweise brach und auch der Flecken Hoya hatte (so man von etwa fünfzig Neubauten nach 1630 ausgehen will) etwa zwei Drittel seines Wohnraums eingebüßt. Dennoch erstaunt es, dass Verwaltung und Rechtsprechung in Amt und Flecken während des gesamten Krieges stets funktionsfähig blieben. Die Beamten, einschließlich der herzoglichen Kanzlei, haben sich ausweislich der Aktenlage immer wieder um Einzelschicksale bemüht und die Kriegsgeschehnisse soweit als möglich von ihrer Bevölkerung fern gehalten. Bemerkenswert sind auch die sich aus den vielen zwischen Hoya und Celle ausgetauschten Schreiben ergebenden kurzen Laufzeiten zwi-

---

[314] Gade, a.a.O., S. 175.

[315] W. Soltmann, a.a.O., S. 114.

schen Antrag und Bewilligung bzw. Meldung und Reaktion. Die reitenden Boten dürften also zwischen Celle und den verstreuten Ämtern des Fürstentums rastlos unterwegs gewesen sein. Endlich ist festzuhalten, dass die vielen dargestellten Plünderungen eher selten durch eine willkürlich marodierende Soldateska erfolgten. Auch wenn das den Betroffenen wohl herzlich egal gewesen sein dürfte, erstaunt es doch, dass solche „Exekutionen" weitgehend planmäßig und auf der Grundlage strikter Befehlsketten vorgenommen wurden. Mord und Totschlag kamen zwar vor, waren aber, anders als es der allgemeinen Vorstellung vom Dreißigjährigen Krieg entspricht, nicht an der Tagesordnung.

11. Die Amtsvisitation von 1653

Eine weitere Amtsvisitation im Jahre 1653[316] kam fünf Jahre nach Kriegsende wiederum zu einem für das Amt wenig erfreulichen Befund: *„Wie wir uns den 13. May bey dem Ambtt Hoya eingefunden und bald wahrgenommen, daß in dem großen und weitlaueffigen Ambtte sehr viele Mißbräuche vorhanden."*
Es wird detailliert und seitenlang aufgelistet, welche Mängel in der gesamten Verwaltung

---

[316] NLA HA Hann 74 Hoya, Nr. 102, Blatt 29 ff.

vorhanden waren: Der Kornschreiber und der Hausvoigt würden die dem Amt zustehenden Hand- und Spanndienste der Untertanen ganz offensichtlich für ihre private Landwirtschaft missbrauchen. Es sei ohnehin nicht zu billigen, dass offenbar sämtliche Beamte zahllose Nebentätigkeiten ausübten. Sie sollten einzig von ihrer Besoldung leben, sich auf ihr Amt konzentrieren und nicht nebenbei auch noch Landwirtschaft und Handel treiben. Ferner würden manche der Beamten die von den Bauern an das Amt abzuliefernden Zinskühe, die mindestens zehn Reichstaler wert wären, völlig grundlos mit nur fünf Talern abfinden. Der Bauer würde also nur den geringeren Betrag zahlen und dafür seine doppelt so wertvolle Kuh behalten dürfen. Andere der hoyaer Beamten würden diese Kühe auch gleich für sich selbst nehmen und dann ebenfalls nur fünf Taler an das Amt geben. Das Amt würde überhaupt zu viele (teure) Amtsbedienstete und Voigte vorhalten, die aber allesamt vollkommen ineffektiv arbeiteten. Auf Befragung habe nicht einer der Beamten *„recht anzugeben gewusst"*, worin eigentlich sein Aufgabenbereich bestehe. Jeder *„tue und lasse"* was er wolle. Festzustellen sei zudem, dass die Beamten mit „Außendiensttätigkeit", nämlich der Hausvoigt, der Kornschreiber, der Hofmeyer

und die Spießknechte[317] überhaupt nicht danach sehen würden, ob die von den Dienstpflichtigen (Bauern) zu erbringenden Arbeiten denn auch geleistet würden. Niemand habe einen Überblick. Auch bei den amtseigenen Bauarbeiten würde es offensichtlich an jeglicher vernünftigen Arbeitskontrolle fehlen.
Schließlich sei das Amt auch wirtschaftlich nicht auf der Höhe: Von den gelisteten 135 Meyer-Höfen seien 40 Höfe nicht oder nur teilweise bewirtschaftet. Von den 78 Egge-Kötner-Höfen lägen sechs immer noch „wüst" und von den 109 Hand-Kötnern seien es sogar 13. Elf der 172 Brinksitzer des Amtes wären verarmt und 19 solcher Stellen unbesetzt. Niemand in der Verwaltung kümmere sich um eine Neubesetzung der Höfe, weil sich offenbar auch niemand dafür zuständig halte. Zudem wisse auch keiner der Beamten anzugeben, was all die „pflichtigen Untertanen" überhaupt an Diensten verrichteten und an Dienstgeldern zahlten. Auch hier habe kein Mensch eine Übersicht. Dasjenige, was gezahlt werde, sei jedenfalls zu wenig: Die Höfe auf der Marsch seien auf zehn Taler und diejenigen auf der Geest auf acht Taler gesetzt, was

---

[317] Die Begrifflichkeit des vormaligen „Fußknechts" hatte sich inzwischen also zum „Spießknecht" gewandelt.

noch viel weniger sei, als es den Bauern in der (mit schlechteren Böden ausgestatteten) Lüneburger Heide zugemutet würde. Die dem Amt Hoya zugehörigen amtseigenen Vorwerke Memsen und Diensthop wären gleichfalls miserabel geführt: Statt der dort vorhandenen nur gut 400 Schafe könnten problemlos mindestens doppelt so große Herden gehalten werden. Von den fünf Windmühlen des Amtes[318] seien immer noch (wie schon 1644) nur zwei in Betrieb und niemand habe sich in all den Jahren überhaupt einmal danach erkundigt, ob die drei anderen Mühlen wieder hergestellt und mit Müllern besetzt werden könnten. Auf „dem Haus" wohne zu allem Überfluss auch noch ein fauler Schmied, der zwar vollständig vom Land bezahlt werde, dafür aber *„keine tüchtige Arbeit"* mache. Die Erträge des Amtes seien insgesamt kläglich und die abgelieferten (mageren) Zahlen auch noch offensichtlich falsch. Wenn das Amt nur ordentlich verwaltet werde, könne es jedenfalls (wie ebenfalls bereits 1644 festgestellt) einen Jahresüberschuss von 13.000 Talern erwirtschaften.

Die Visitationskommission erwähnt endlich auch den Zustand des Hoyaer Schlosses: *„Die Kornböden auf dem Hause sind zerfallen, die äu-*

---

[318] Die drei Wassermühlen werden nicht erwähnt.

ßerste Mauer, welche die Weser hinauff siehet, hengt ganz über (...) an allen übrigen Schloßgebäuden wird itzo aber nicht mehr zu thun sein, als das dieselben in Dach und Fach erhalten werden." Gleichwohl müsse aber für den Herrn Drosten *„auf dem Schloss, an dem Ort an dem er wohnen soll"*, noch Reparaturen erfolgen, zumal er ja auch sein eigenes Vieh-Deputat (dort) halten wolle. Diesem Bericht zufolge war das Schloss also nur fünf Jahre nach Kriegsende (abgesehen von der westlichen Außenmauer) entweder bereits weitgehend repariert oder die Beschädigungen des Jahres 1626 waren doch weniger gravierend gewesen, als nach den Literaturangaben anzunehmen gewesen wäre.

Nach alledem hatte sich also weder durch das Kriegsende noch durch die bereits 1645 erfolgte Auswechslung des Amtmannes an der wirtschaftlich prekären Situation im Amt etwas geändert. Die Kontributionslasten waren zwar entfallen, die wirtschaftliche Erholung ließ aber offenbar auf sich warten. Zudem war das Amt, wie bereits in 1644 festgestellt, immer noch schlecht strukturiert, die Kriegsschäden – wie etwa die aufgegebenen Mühlen – nicht beseitigt und die eigenen Ressourcen des Amtes nicht hinreichend genutzt. Positiv festzustellen ist allein, dass trotz der hohen Sterblichkeit der Jahre 1624/1625 die meisten Höfe jetzt wieder bewirtschaftet wurden. Von den genannten 494 Meier-, Kötner- und Brinksitzerhöfen waren nur 89 (18 Prozent) wüst, verarmt oder teilbewirtschaftet. Soweit damit also nur fünf Jahre nach Kriegsende 82 Prozent der Höfe wieder (voll) bewirtschaftet und nicht verarmt waren, scheinen die Kriegsfolgen erstaunlich rasch überwunden und der Bevölkerungsschwund sich nach nur einer Generation weitgehend erholt zu haben.

Ob die vielen negativen Feststellungen dieser Visitation auch zu einem frühzeitigen Karriereende des neuen Amtmanns Heinrich von Drebber geführt haben, bleibt unklar. Während die beiden bereits 1637 genannten hoyaer Bürgermeister Heinrich Precht und Harm Beste ihr Amt, trotz aller Blessuren, die sie während der langen Kriegszeit erhalten hatten, noch 1665 inne gehabt haben sollen,[319] gab es jedenfalls im Jahre 1655, mit dem Amtsantritt des neuen Amtmanns Heinrich Cramer, bereits im folgenden Jahr erneut einen Wechsel an der Verwaltungsspitze des Amtes.

---

[319] Evers, a.a.O., S. 257.

Literaturverzeichnis

1100 Jahre Bücken, herausgegeben vom Festausschuss 1100 Jahre Bücken, Eystrup 1982.

Abelin, Johann Philipp, Theatrum Europaeum, oder, ausführliche und wahrhafftige Beschreibung aller und jeder denckwürdiger Geschichten. Frankfurt, 1643.

Bösche, Hartmut, Hoya 1622 – 1625, Eine Familienbibel als Spiegel des Dreißigjährigen Krieges, in: Nienburger Heimatkalender 1992, S. 1-6.

Bösche, Hartmut, Holste und Hoya – Reformation an der Mittelweser, Hoya 2015.

Bösche, Hartmut, Frühe Geschichte der Kirchengemeinde Hoyerhagen, in: Waltraut und Johann Meyer, Hoyerhagen, Höfe, Häuser und Familien, Verden 2016.

Decken, Friedrich von der, Herzog Georg von Braunschweig und Lüneburg: Beiträge zur Geschichte des dreißigjährigen Krieges, Band 1 - 4, Hannover 1833 f.

Der Feind im Lande (o.A), in: Der InspektionsBote, Monatsblatt für die Gemeinden des Hoyaer Landes, 1922-1924, S. 10.

Du Jarry von la Roche, Carl, Der dreißigjährige Krieg, vom militärischen Standpunkte aus beleuchtet, Band 1, Schaffhausen 1848, Band 2.

Elster, Otto, Die Geschichte der stehenden Truppen im Herzogtum Braunschweig-Wolfenbüttel, Band 1, Leipzig 1899.

Ens, Gaspar, Fama Austriaca. Das ist, eigentliche Verzeichnuß denckwürdiger Geschichten, Köln 1627.

Eschen, A., Das Fresesche Familienbuch, in: Archiv des Vereins für Geschichte und Altertümer der Herzogtümer Bremen und Verden, Band 2, 1864, S. 23 – 35.

Evers, Reinhard, Der Flecken Hoya, Hoya 1979.

Fortsetzung der Allgemeinen Welthistorie durch eine Gesellschaft von Gelehrten, 33. Theil, Halle 1770.

Gade, Heinrich, Geschichte des Fleckens Hoya, in: Zeitschrift des historischen Vereins für Niedersachsen, Jg. 1866, Hannover 1867, S. 125 ff.

Gade, Heinrich, Geschichte des Fleckens Stolzenau an der Weser, Nienburg 1871.

Gade, Heinrich, Historisch-georgraphisch-statistische Beschreibung der Grafschaften Hoya und Diepholz, Band 1 - 2, Nienburg 1901.

Glaubenskämpfe im 30 jährigen Krieg (o.A.). Einer alten Dörverdener Chronik nacherzählt, in: Der InspektionsBote, Monatsblatt für die Gemeinden des Hoyaer Landes, 1922-1924, S. 11 f.

Görges, Wilhelm, Vaterländische Geschichten und Denkwürdigkeiten der Vorzeit mit vielen Abbildungen der Lande Braunschweig und Hannover, Braunschweig 1845.

Grimmelshausen, Hans Jakob Christoffel, Trutz Simplex. Utopia, Nürnberg 1670.

Hahn, Ernst, Die Heimatgeschichte des Hoyaer Landes in zeitgeschichtlichen Bildern, Vilsen 1922.

Halem, Gerhard Anton von, Geschichte des Herzogthums Oldenburg, Oldenburg 1795, Band 2.

Hannoversche Chronik, im Auftrag des Vereins für Geschichte der Stadt Hannover herausgegeben von O. Jürgens, Hannover 1907.

Happe, Volkmar, Chronicon Thuringiae (1587-1647/59), o.O.u.J.

Heckmann, Jens, Nienburg, Geschichten aus der Geschichte, Nienburg 2010.

Heinemann, Otto, Geschichte von Braunschweig und Hannover, Band 3, Gotha 1892.

Heimatmuseum für die Grafschaft Hoya eV (Hrsg.), Hoya, Daten, Fakten und Entwicklungen aus acht Jahrhunderten, Hoya 2003.

Helwig, Nikolaus, Beschreibung aller gedenckwürdigen Historien, Geschichten und Händel, Frankfurt 1648.

Holle, von, Ueber Aemter und Beamte in den Althannoverschen Landestheilen, in: Neues Vaterländisches Archiv, 1824, S. 1-44.

Hornecker, Elfriede, 1213 bis 2013, 800 Jahre Grafenschloss Hoya, Schriftenreihe des Heimatmuseums, Hoyaer Hefte Nr. 16, Hoya 2013.

Klopp, Onno, Tilly im Dreißigjährigen Krieg, Band 1,Stuttgart 1861.

Kreisausschuss Nienburg (Hrsg.), Der Kreis Nienburg, Ein Heimatbuch des Kreises, Magdeburg 1935/1936.

Liborius Vulturnus, Kurtze Erzehlung. Aller fürnembsten Händel. So zwischen der Pfaltz-BäyerTyllischen Und Käyser Friedländischen gegen der Königlichen Dennemärckischen Armada…, o.O., 1631.

Merian, Matthäus, Topographia und Eigentliche Beschreibung der vornehmbsten Stäte, Schlösser auch anderer Plätze und Örter in den Herzogthümern Braunschweig und Lüneburg, Frankfurt 1654.

Meyer, Eduard, Christian IV. und sein Geschlecht, Historische Novelle, Lüchow 1861.

Meyer, Waltraut und Johann, Hoyerhagen, Höfe, Häuser und Familien, Verden 2016.

Meyers Großes Konversations-Lexikon, Band 11, Leipzig 1907.

Niedersächsisches Städtebuch, herausgegeben von Erich Keyser, Stuttgart 1952.

Opel, Julius Otto, Der niedersächsisch-dänische Krieg, Band 1, Der niedersächsische Krieg 1621-1623, Halle 1872.

Reyscher, Das Erbrecht der adeligen Töchter, in: Zeitschrift für deutsches Recht und deutsche Rechtswissenschaft, 1841, S. 267.

Ruh, Andreas, Conrad Römeling, in: Conrad Römeling – ein Pastor kehrt zurück, Schriftenreihe des Heimatmuseums, Hoyaer Hefte Nr. 11, Hoya 2010.

Schröder, Dietrich, Dedendorfer Chronik, Eystrup 1998.

Schreiber, Willi, Conrad Römeling, Hoya und der Dreißigjährige Krieg, in: Conrad Römeling – ein Pastor kehrt zurück, Schriftenreihe des Heimatmuseums, Hoyaer Hefte Nr. 11, Hoya 2010.

Schweringen, Ortsteile Schweringen - Holtrup - Eisse, 850 Jahre, eine Gemeinde an der Weser, herausgegeben von der Gemeinde Schweringen, Eystrup 1989.

Siemers, Jürgen, Als in der Süderstadt die Wohnhäuser brannten, in: Verdener Allerzeitung vom 17.6.1998.

Slange, Niels, Geschichte Christians des vierten Königs in Dänemark, Kopenhagen, Leipzig 1771, Band 3.

Soltmann, W., Geschichte des Kirchspiels Eitzendorf bei Hoya, Braunschweig 1905.

Stüve, Johann Karl Bertram, Geschichte der Stadt Osnabrück, Band 3, Osnabrück 1826.

Volger, Wilhelm Friedrich, Der dreißigjährige Krieg im Fürstenthum Lüneburg, Lüneburg 1847-1854.

Wangenheim, von, Beitrag zur Geschichte des Amts Syke, während des dreißigjährigen Krieges, in: Vaterländisches Archiv für Hannoverisch-Braunschweigische Geschichte, Jg 1833, Lüneburg 1834, S. 349 ff.

Warlich, Bernd, www.30jaehrigerkrieg.de, Der Dreißigjährige Krieg in Selbstzeugnissen, Chroniken und Berichten.

Wassenberg, Eberhard, Der Ernewerder Teutsche Florus Wassenberg, Frankfurt 1647.

Zimmermann, F.W.R., Übersicht über die bisherige Verwendung der den einzelnen Kreiscommunalverbänden des Herzogthums Braunschweig gesetzlich überwiesenen Erträgnissen und Einnahmen nebst einer einleitenden Darstellung der derzeitigen Organisation der Braunschweigischen Verwaltung und der geschichtlichen Entwicklung derselben, Braunschweig 1889.

Quellenverzeichnis

Hodenberg, Wilhelm von, Hoyer Urkundenbuch (Hoyer UB). Band 1, Hausarchiv, Hannover 1855.

Niedersächsisches Landesarchiv Hannover (NLA HA) und Stade (NLA ST)

Cal Br. 15, Nr. 1410

Cal Br. 16, Nr. 403, 1073

Cal Br. 17, Nr. 83, 84

Cal Br. 21, Nr. 2549

Celle Br. 10, Nr. 68, 69, 72, 85, 89, 117, 121, 129, 135

Celle Br. 11, Nr. 31, 33, 68, 76, 82, 92, 95, 118, 187, 217, 257, 275, 315, 320

Celle Br. 16, Nr. 401

Celle Br. 44, Nr. 7

Celle Br. 46, Nr. 217

Celle Br. 61a, Nr. 5126, 5128, 5132, 5139, 5141, 5143, 5145, 5150, 5151, 5152, 5158, 5159, 5161, 5192, 5193, 5283

Celle Br. 72, Nr. 156, 362, 376, 617, 623

Celle Br. 101, Nr. 101

Dep. 106 Nr. 2687

Hann 74 Hoya, Nr. 2, 3, 36, 102, 273, 282, 499

Hann 80 Hann., Nr. 18463

Hann 88B, Nr. 2827

ST Rep 5a, Nr. 446

Schwedisches Reichsarchiv: SE/KrA/0414/0021/0047, 0049, 0050

Wikipedia:

https://de.wikipedia.org/wiki/Rohrsen

https://de.wikipedia.org/wiki/Liste_der_Räte_des_Fürstentums_Lüneburg

https://de.wikipedia.org/wiki/Fürstentum_Lüneburg

Bildquellen:

Abbildung 1: Gemeinfreie Karte (Schwedisches Reichsarchiv SE/KrA/0414/0021/0050, 1648) mit vom Verfasser eingefügter Legende.

Abbildung 2: Das Amt Hoya und seine Grenznachbarn, erstellt vom Verfasser.

Umschlagfoto: Gemeinfreier Merian-Stich (Matthäus Merian, Topographia Westphaliae, Frankfurt 1647), mit von den genannten Illustratoren erstellter Fotomontage.